国际发展合作研究丛书

中国服务业和服务贸易的能源环境效应研究

张广璐　林伯强◎著

Research on the Energy and Environmental Effects of
China's Service Industry and Service Trade

人民出版社

策划编辑：郑海燕
责任编辑：张　蕾
封面设计：王欢欢
责任校对：周晓东

图书在版编目（CIP）数据

中国服务业和服务贸易的能源环境效应研究/张广璐,林伯强 著. —北京：
　人民出版社,2021.12
ISBN 978－7－01－023881－4

I.①中… Ⅱ.①张…②林… Ⅲ.①服务业-能源经济-经济发展-研究-中国
②服务贸易-能源经济-贸易发展-研究-中国 Ⅳ.①F726.9②F752.68
③F426.2

中国版本图书馆 CIP 数据核字（2021）第 205856 号

中国服务业和服务贸易的能源环境效应研究
ZHONGGUO FUWUYE HE FUWU MAOYI DE NENGYUAN HUANJING XIAOYING YANJIU

张广璐　林伯强　著

人 民 出 版 社 出版发行
（100706　北京市东城区隆福寺街 99 号）

北京建宏印刷有限公司印刷　新华书店经销

2021 年 12 月第 1 版　2021 年 12 月北京第 1 次印刷
开本:710 毫米×1000 毫米 1/16　印张:10
字数:112 千字

ISBN 978－7－01－023881－4　定价:50.00 元

邮购地址 100706　北京市东城区隆福寺街 99 号
人民东方图书销售中心　电话（010）65250042　65289539

丛 书 序

　　"发展"作为全球性的信仰,极大地改变了人类历史进程与整个世界的面貌。自第二次世界大战后国际发展时代开启以来,经济合作与发展组织成员开展了大量的国际发展实践,其理论政策的研究也渐趋成熟。2015 年 9 月,联合国发展峰会正式通过了《2030 年可持续发展议程》,开启了人类国际发展历史的新纪元。改革开放 40 多年来,中国通过艰辛的探索实现了经济的快速发展,同时也衍生出有别于发达国家的国际发展合作理念与实践。中国国际发展合作具有鲜明的南南合作特色,一方面坚持平等互利、不干涉他国内政等基本原则;另一方面在实践中更偏重基础设施与经济领域,更重视援助与贸易投资的结合,更关注援助对受援国的经济增长和减贫的影响。2013 年习近平主席提出的"一带一路"倡议是新时期中国版的国际发展合作倡议,随着"一带一路"建设的推进,中国国际发展合作的理念和经验的价值进一步凸显。2015 年 9 月,习近平主席在联合国发展峰会上宣布了中国一系列的国际发展合作举措,向世界宣示中国将会在全球发展领域发挥更大的作用。2018 年 4 月,中华人民共和国国家国际发展合作署成立,以推动中国的国际发展合作更有效地服务中国大国外交战略、"一带一路"倡议及联合国可持续发展目标。在此国际国内背景下,中国的国际发展合作研究进入重大战略机遇期,特别需要相关智库和学者深入研究国际发展的理论与政策,推动国际发展知识的交流与互鉴,培养中国本土的优秀国际发展人才,增强中国全球发展治理话语权;同时,需要认真总结中国发展合作经验,弘扬中华民族智慧,推动南南发展合作,对接联合国可持续发展议程,为全人类共同发展作出重大贡献。

2018 年 5 月，上海对外经贸大学校领导适时把握机遇，在上海市人文社科重点研究基地国际经贸研究所基础上组建了国际发展合作研究院，使上海对外经贸大学成为中国国际发展研究的又一重镇，国际发展合作研究也成为上海对外经贸大学智库建设、学术研究、人才培养的新的增长点。研究院成立以来，首先进行国际发展合作研究团队建设。通过招聘专职研究人员及充分发挥国际经贸研究所原有研究力量，组成了国际发展、国际贸易、开发性金融国际投资及国际经济法等研究团队，努力构建既掌握国际发展理论与趋势又谙熟中国国际发展合作政策与经验的国际发展研究人才队伍。其次致力于国际发展合作理论与政策研究，在国际发展合作领域推出一系列具有国际视野和水准、融汇国际发展理论与中国国际发展合作理念和实践的高质量研究成果。最后定期举办国际国内高端国际发展合作及相关主题的研讨会，力求建设中国一流的国际发展合作交流网络。研究院每年举办的中国世界经济学会国际发展论坛、中非经贸论坛已成为中国国际发展学界以及中非经贸合作领域的重要论坛和会议品牌。除此之外，研究院还根据年度研究重点，组织小型专题研讨会，对国际发展合作领域专题进行针对性的深入探讨。经过一年的建设，2019 年 4 月在第二届"一带一路"国际合作高峰论坛上，研究院已经入选"一带一路"国际智库合作委员会成员单位，也是国内智库中唯一专门从事国际发展合作理论与政策研究的实体性研究机构。

我们认为，国际发展作为极具魅力的理论与实践领域，不仅有实际的价值，更有终极的意义。从小处看，具体的发展援助项目可以改善落后地区部分人群的生存状况；从大处看，有效的国际发展合作理论与政策能够切实提高发展中国家和地区人民的发展水平。回顾历史，把握国际发展演进的脉络有利于我们深刻了解人类社会变迁的规律；翘首远望，国际发展哲学及理论的研究促使我们深入思考人类的前途与命运。人生的价值，只有融入一项伟大的事业，才能更好地实现。国际发展合作就是一项伟大的事业，而专注国际发展合作理论与政策研究正是我们推进这项事业向前发展的方式。

"中国国际发展合作研究"丛书是以上海对外经贸大学国际发展合

作研究院为主体整合国内相关研究力量在国际发展合作研究领域推出的系列研究成果,该系列成果的推出,一方面汇集了上海对外经贸大学国际发展合作研究的阶段性成果;另一方面也希望由此推动中国国际发展学科的建设以及中国国际发展合作理论与政策研究的进一步深入,为中国的国际发展合作事业的发展作出贡献。

特别希望国际国内发展及相关领域的专家学者、政府相关部门及国际发展合作实践者能对我们的成果提出宝贵意见。希望我们共同努力,推进中国国际发展相关理论与政策的研究工作,同时也通过我们的研究服务国家战略、推动国际发展合作、创新智库服务。

黄梅波
于上海

目　录

前　言

　　随着全球经济的不断发展,服务贸易正在逐渐成为全球贸易中的重要组成部分,而作为世界贸易重要的参与者,我国服务贸易总量已居全球第二位,随着我国服务经济发展不断加速,未来这一数字仍将继续增长。

　　我国服务贸易和服务业快速发展的同时,其能源消费也在迅速增长。2016 年中国服务业的能源消费量大致相当于日本全国的总能耗,高于德国、法国和英国等国的全国能耗。随着我国经济发展面临的资源约束和环境压力不断增大,以及工业、建筑业和农业等行业的节能减排潜力不断被挖掘,服务业及服务贸易中的能源环境问题都将引起社会各界更加广泛的关注。

　　在中国服务业及服务贸易快速发展的背景下,本书梳理了中国服务业和服务贸易的发展历程,并重点从产业整体、细分行业和不同区域多个维度研究了中国服务业的能源效率及其驱动因素,分析了服务贸易的能源环境效应,并结合相关数据实证分析了服务业结构对服务业综合效率的影响以及对外贸易对服务业二氧化碳排放的驱动作用。

　　本书写作过程中参考了近年来本人在导师林伯强教授指导下完成的各种研究成果,包括已发表和未发表的论文以及研究报告等。作为上海对外经贸大学国际发展合作研究院《国际发展合作研究丛书》系列之一,本书出版过程中得到了上海对外经贸大学以及国际发展合作研究院的大力支持,在此一并表示感谢。

张广璐

2021 年 8 月

第一章　研究背景与内容概况

第一节　服务业的概念及内涵

一般认为,广义的服务业是生产和销售服务产品的生产部门和企业的集合。鉴于之前服务业的口径不统一给服务业的统计核算工作带来困难,国家统计局于2013年修订了《三次产业划分修订》,明确了第三产业即服务业,是指除第一产业、第二产业①以外的其他行业,具体包括批发和零售业,交通运输、仓储和邮政业,住宿和餐饮业,信息传输、软件和信息技术服务业,金融业,房地产业,租赁和商务服务业,科学研究和技术服务业,水利、环境和公共设施管理业,居民服务、修理和其他服务业,教育,卫生和社会工作,文化、体育和娱乐业,公共管理、社会保障和社会组织,国际组织,以及农、林、牧、渔业中的农、林、牧、渔服务业,采矿业中的开采

---

① 根据国家统计局2013年发布的最新的《三次产业划分修订》,第一产业是指农、林、牧、渔业(不含农、林、牧、渔服务业)。第二产业是指采矿业(不含开采辅助活动),制造业(不含金属制品、机械和设备修理业),电力、热力、燃气及水生产和供应业,建筑业。

辅助活动,制造业中的金属制品、机械和设备修理业。本书实证部分中沿用了中国国家统计局公布的服务业统计口径。

服务业与制造业等其他行业相比,具有门类繁杂、性质多样、经营地点易变、部门涉及广泛、统计成本较高等一系列特点,这使服务业的统计难以做到统一化、全面化、规范化,因而给各个国家的服务业统计工作都带来了很大的困难。中国政府针对服务业统计的薄弱环节进行了一系列的改进及完善,但基于目前的服务业数据进行服务业相关研究仍有一些问题需要特别注意。

首先是目前的统计数据可能会低估中国服务业的增加值和比重(殷凤和陈宪,2007;江小涓,2011;许宪春,2013)。私营、个体服务业发展迅速,但其非常分散、变动频繁的特点使其统计工作存在遗漏现象。新兴服务业的快速发展也使统计资料和核算方式难以较快调整适应其组织发展方式,导致数据低估问题。在制造业和服务业趋于融合的形势下,服务业很多内容都隐含在制造业等其他行业中并为其提供服务,在对服务业的统计中容易遗漏。许宪春(2013)强调,中国目前居民自有住房服务价值是按照成本法计算的,但随着中国房地产市场的快速发展及房价的快速攀升,城镇房屋造价和市场价的差距越来越大,自有住房服务价值会被低估,从而使房地产业的增加值和服务业增加值被低估。并且,服务业被格里利斯称为"不可测度部门",有些服务业内容如家政服务等难以被计算在内,同时也很难被精确统计(Griliches,1992)。

其次是服务业的比重提高不一定说明服务量的增长,还可能由于服务名义价格的上升。李钢(2013)提出,由于各行业的价格变化幅度不同,按照可比价格与当年价格两种不同的计算方式得到的产业结构存在很大的差异。同时,对比西方国家第二次世界大战之后产业结构演化的各个阶段各产业对经济增长的贡献可以发现,西方国家服务业 GDP 占比不断上升的主要原因是相对于农业和工业产品而言,服务业产品的价格上涨幅度最快,这直接导致了用当年价格计算的产业结构中服务业比重不断上升,而其实际产出增长更快并不是最主要的原因。经典的"鲍莫尔成本病理论"指出,服务业相较于制造业劳动生产率提升较慢。因此江小涓(2011)也认为,服务业增加值比重的提高更多的是由于服务相对价格提高较快,名义产出比重提高并不代表服务量的相应增加。

本书主要研究了考虑二氧化碳排放环境影响的中国服务业的能源效率和综合效率。本书研究的服务业的效率不同于生产率,虽然二者在全要素框架下的测算方法可能类似或者相同,但二者由于定义不同使构建的评价指标不同,生产率指标多采用曼奎斯特(Manlquist)生产率指数,本书中的能源效率和综合效率指标的构建详见第五章和第六章,因此特别需要注意的是不能将综合效率混同于全要素生产率。本书的综合效率定义为每个投入产出变量的平均效率,衡量的是包括运行效率、能源效率和环境效率在内的所有投入效率和产出效率的综合情况。

第二节　研究背景

随着全球发展过程中面临的资源和环境问题日益严重,节能减排正在成为各个国家关注的重点,作为世界上能源消费和二氧化碳量最大的国家,中国面临着巨大的节能减排压力。为应对气候变化,2020 年 9 月 22 日第七十五届联合国大会上,国家主席习近平提出了二氧化碳排放量力争 2030 年前达到峰值，2060 年前实现"碳中和"的发展目标。与此同时，作为世界上最大的发展中国家，中国还面临着经济发展的巨大压力。

中国的能源消费高度集中在工业特别是一些传统的高耗能行业，长期以来，中国的节能减排政策都是围绕着这些高耗能行业集中开展。随着节能减排工作的不断深入，工业行业的节能潜力不断释放，但节能减排方面的压力却依然严峻。从发达国家经验来看，随着经济发展水平的不断提高，工业在经济中的比重逐渐下降，服务业（第三产业）逐渐成为经济中的主导产业，这也是发达国家同发展中国家最主要的区别之一。工业和服务业的行业属性存在较大差异，随着工业占比的不断下降和服务业占比的不断上升，中国的能源消费结构将会随之调整，服务业在节能减排中的作用也会不断增长。

在新中国成立以来的较长时间内，中国服务业的发展受"优先发展重工业，快速实现工业化"战略的影响而相对缓慢。改革开放以后，服务业发展逐渐加速。21 世纪以来，特别是 2007 年国务院发布《关于加快发展服务业的若干意见》（以下简称《意见》）之后，中国服务业开始加速发展。《意见》提出，2020 年以前，要争取实现服务业增加值占 GDP 比重超过 50%。事实上，这一目标在 2015 年就已提前实现。2015 年服务业增加值占比达 50.2%，到 2017 年进一步上升到 51.6%。在某种程度上，随着中国经济由工业主导向服务业主导转变，中国已开始进入服务经济时代。特别是在经济增长放缓、经济发展进入"新常态"的背景下，服务业开始成为中国经济增长的新动力。

长期以来，服务业被认为是一个低能耗、低排放的"干净"的产业。大量关于解决中国环境问题的政策建议都只是提出促进产业结构由工业向服务业转移，以及提高服务业在国民经济中比例等。相对于一些高排放、高污染的工业行业，服务业确实较为清洁。但随着服务业的快速发展，其能源消费也迅速增长，越来越多的人开始关注服务业节能减排与绿色低碳发展。

尽管从单位产出的能源消费和碳排放量来看，服务业单位产出的能源消费和碳排放量都相对较低，但从总量上来看，中国服务业的能源消费量比很多国家的能源消费总量还要大。以2016年为例，中国服务业的终端能源消费量约6.0亿吨标准煤，大约相当于日本整个国家的能源消费量（6.5亿吨标准煤），而日本的能源消费总量排在世界第五位。从服务业的能源消费结构来看，化石能源占有很大的比重，2016年化石能源在中国服务业能源消费中占78.5%。巨大的能源消费总量和以化石能源为主的能源结构必然带来巨大的二氧化碳排放量。因此从一定程度上来看，中国服务业的能源效率问题和碳排放不仅关系到中国的能源环境问题，也影响着全球能源市场和温室气体排放。

在服务业快速发展的背景下，服务业发展所带来的能源环境问题不容忽视。在推动服务业发展的政策层面上，也逐渐由"服务业的大发展"转为更加注重发展过程中的质量和效率。"十三五"规划强调，在加快推动服务业优质高效发展的同时，也要重视发展质量和效率。特别是随着服务业已经成为中国经济的主导产业，其增长质量更应引起关注，因为主要依靠要素投入而非效率提升所引发的经济增长是难以长期维持的，技术进步和效率改善才是经济长期持续增长的重要源泉。

高效发展的一个重要内涵就是能够以更少、更绿色的投入实现更高、更可持续的产出,服务业的高效发展也不例外,而选择服务业的能源效率和综合效率作为切入点,能够较好兼顾产业结构转型背景下的经济增长与资源环境压力。因此,本书从能源环境视角对中国服务业的能源效率、综合效率和碳排放等方面的问题进行实证研究,试图为中国服务业的高效可持续发展提供有针对性的政策建议。

国内外对服务贸易与环境问题的研究尚处于起步阶段,现有研究大多针对发达国家,而且是从整体上衡量贸易对环境的影响,较少关注服务业及服务贸易发展带来的能源环境问题。在全球经济下行压力加大、货物贸易增长乏力的背景下,服务贸易快速发展。并且跟货物贸易相比,服务贸易具有能源消耗低、碳排放污染少、附加值高的优点。服务贸易发展可以有效推动我国内部经济结构转型及经济绿色高效发展,对未来中国服务业及服务贸易的发展和全球经济的低碳发展都有着至关重要的影响。本书聚焦中国服务业及服务贸易发展的能源环境效应。

第三节　研究目标、内容和方法

针对服务业的现有研究大多从生产率的角度关注服务业的发展和技术进步等问题,而作为未来新增能源消费的重要来源,中国服务业的能源与环境问题不容忽视。

在这种背景下,本书试图回答以下几个问题:

产业结构的服务化能否缓解中国的能源环境压力?

影响中国服务业能源效率的因素有哪些?能源效率的区域差

异又如何？

服务业内部结构的变动对其综合效率有怎样的影响？

从产业链角度来看,中国服务业的二氧化碳排放主要是由什么因素驱动的？其他行业对服务业碳排放有怎样的影响？

本书基于行业面板、省际面板和全国层面等数据,采用非参数估计、因素分解分析、投入产出分析、回归分析、比较分析等多种分析方法,对中国服务业的能源效率、综合效率以及二氧化碳排放驱动因素进行了尽可能全面的多维度研究。

第二章简要介绍了当前中国服务业发展和能源消费现状,以及世界服务贸易发展的现状,采用比较分析法对中国服务业的增加值、能源消费和能源强度进行了描述性展示,同时进行了服务业与其他产业部门的对比,服务业内部子行业之间的对比以及国际比较。第三章是有关产业结构服务业与能源消费关系、能源效率和综合效率,以及服务业能源环境问题的文献综述。

第四章结合利用了指数分解法(IDA)和基于生产理论的分解法(PDA)两种方法,对中国服务业整体能源强度的变化进行了因素分解。此方法同时考虑了产业结构、能源结构、技术进步、要素替代及区域因素等多种因素的影响,是一个综合的分解框架。本章研究的是中国服务业单要素能源效率的驱动因素,虽为单要素能源效率,但也未忽略要素之间的替代关系。

第五章重点关注服务业发展的区域异质性和区域间的技术差距,研究了中国服务业全要素能源效率和节能空间。本章的能源效率被定义为最优能源投入和实际能源投入量的比值。通过采用基于松弛变量的共同前沿方法(Meta-frontier Slack-based Efficiency Measure, MSBM)测算了中国服务业各地区在群组前沿和共同前沿两种前沿下的生态①全要素能源效率及节能空间。此方法是基于数据包络分析的一种非参数分析方法。

第六章关注服务业的综合效率,研究了服务业结构对服务业综合效率的影响。综合效率指的是包括运行效率、能源效率和环境效率在内的每个投入产出变量的平均效率水平。本章的研究分为两个阶段,首先基于非径向方向距离函数,利用全局数据包络分析(Data Envelopment Analysis, DEA)技术测算了中国服务业各省及各子行业的综合效率,再用面板 Tobit 回归模型分析了服务业内部结构变化对其综合效率的影响。

第七章关注产业链对能源消费和碳排放的影响,采用投入产出分析和结构分解法相结合的方法对中国服务业与能源相关的二氧化碳排放变动的驱动因素进行了分解分析。基于投入产出表的分析方法可以充分考虑一个产业的上下游关系,追踪其碳排放的来源与去向。本章分别从服务业总体碳排放变动、分能源品种的碳排放变动以及分子行业的碳排放变动三个方面进行分析,同时也分析了贸易因素的影响与作用。

第八章对全书的研究结果进行总结并提出了研究展望。

---

① 第五章生态全要素能源效率中的"生态"指的是在全要素能源效率的测算中考虑了生态影响。由于服务业的数据可能性,本书只考虑了二氧化碳排放。为了描述的简洁性,文中省略了"生态"二字,用全要素能源效率来阐述。

第二章　中国服务业发展与能源消费现状

第一节　产业结构理论与中国经济服务化

根据国家统计局 2013 年公布的《国民经济行业分类》（GB/T 4754—2011），第三产业即为服务业，指除第一产业、第二产业以外的其他行业。相比于 2003 年的《国民经济行业分类》（GB/T 4754—2002），此次修订明确了第三产业等同于服务业这一概念，同时将"农、林、牧、渔服务业""开采辅助活动"以及"金属制品、机械和设备修理业"等三个大类划分为第三产业。需要注意的是，各个国家对三次产业的具体划分有一定的差别，如在澳大利亚和新西兰的统计口径中，将采矿业划分为第一产业，而美国的行业划分通常将交通运输业归属到第二产业。

费希尔（Fisher，1935）认为，人类社会可以划分为三个阶段，分别是以农业为主的时期、以工业为主的时期和以服务业为主的时期，并首次提出了三次产业的概念。此后，克拉克（Clark，1967）、切纳里（Chenery，1955）以及库兹涅茨（Kuznets，1966）等经济学家都从不同角度对产业结构与经济增长之间的关系进行了探索和总结,产业结构理论以及三次产业的划分方法逐渐得到了人们的认可。

随着相关理论的普及以及国际范围内服务业的迅速发展,"经济服务化""产业服务化""产业结构服务化"等概念开始被用于描述服务业在一个国家经济结构中占比不断增加的现象。高传胜等(2008)认为,经济服务化有两层含义,不仅指服务业在 GDP 中占比不断上升的过程,而且标志着服务业开始成为国民经济中最主要的产业。从西方国家的发展经验来看,经济服务化是经济发展的必然结果。厉无畏和王慧敏(2005)提出,产业结构服务化是指从 GDP 占比、就业人数占比以及拉动经济增长等各个方面而言,服务业的贡献都超过农业和工业。

产业结构调整既是经济发展过程中的一种内在行为,也是政府相关政策外在推动的结果。随着中国经济的发展,产业结构也在逐渐调整。国家统计局关于国内生产总值及三次产业增加值的统计始于 1952 年,其中 1952—2003 年,第三产业内部只统计了交通运输、仓储和邮政业,批发和零售业,住宿和餐饮业,金融业和房地产业等五个细分行业,从 2004 年开始,纳入统计的服务业子行业进一步细化,特别是一些现代服务业部门开始被纳入统计。但是国家统计局关于服务业的能源消费统计至今只包含"交通运输、仓储和邮政业""批发零售、住宿餐饮业"和"其他服务业"三个行业。为保持前后统计口径的一致性,本书将各服务业子行业整理为交通运输、仓储和邮政业,批发零售和餐饮业,以及其他服务业等三大类,其中其他服务业以现代服务业行业为主,囊括了交通运输、仓储和邮政业以及批发零售、住宿餐饮业之外的其他所有服务业行业。中国国内生产总值及各产业所占比重见表2-1。

表2-1 1952—2019年中国国内生产总值及其构成

年份	GDP (10亿元, 1978年 不变价)	第一产业 比重 (%)	第二产业 比重 (%)	第三产业 比重 (%)	第三产业子行业比重(%)		
					交通运输、 仓储和邮政业	批发零售、 住宿和餐饮业	其他 服务业
1952	77.56	50.49	20.78	28.73	4.27	12.49	11.97
1960	159.93	23.18	44.39	32.43	7.07	10.07	15.29
1965	167.43	37.55	35.09	27.36	4.46	7.40	15.50
1970	233.56	34.80	40.27	24.93	4.40	8.32	12.21
1975	311.14	31.95	45.36	22.69	4.88	6.30	11.51
1980	426.80	29.63	48.06	22.31	4.65	5.26	12.40
1985	707.90	27.93	42.71	29.35	4.64	10.34	14.38
1990	1037.24	26.58	41.03	32.38	6.18	8.32	17.87
1995	1849.05	19.60	46.75	33.65	5.29	9.75	18.62
2000	2796.99	14.68	45.54	39.79	6.14	10.28	23.37
2005	4463.89	11.64	47.02	41.33	5.70	9.70	25.94
2010	7627.82	9.53	46.40	44.07	4.55	10.56	28.97
2011	8355.30	9.43	46.40	44.16	4.46	10.69	29.01
2012	9011.82	9.42	45.27	45.31	4.40	10.99	29.92
2013	9710.72	9.30	44.01	46.70	4.38	11.17	31.15
2014	10420.52	9.06	43.10	47.84	4.43	11.43	31.99
2015	11141.62	8.83	40.93	50.24	4.42	11.37	34.44
2016	11888.11	8.56	39.88	51.56	4.45	11.38	35.73
2017	12708.39	7.92	40.46	51.63	4.45	11.16	36.02
2018	13566.21	7.20	40.70	52.20	—	—	—
2019	14395.10	7.10	39.00	53.90	—	—	—

资料来源:《中国统计年鉴》,其中国内生产总值为1978年不变价。

根据赵晓丽(2011)的划分,改革开放以来中国的产业结构主要经历了四个阶段:农业快速发展时期(1978—1983年)、非农产业迅速发展时期(1985—1992年)、工业快速发展时期(1993—

2006 年),以及服务业快速发展时期(2007 年至今)。2007 年,中国服务业占 GDP 的比重首次超过工业,并于 2013 年超过第二产业,成为国民经济中占比最高的部门。从趋势上来看,未来服务业占比仍将继续增加,工业占比仍将保持下降。在一定程度上,基于上述按照当年价得到的产业结构来衡量,当前中国已经进入"服务型经济"的阶段(魏作磊,2007;刘聚梅和陈步峰,2010;王子先,2011)。

第二节 中国服务业发展现状

随着经济结构调整,近年来中国服务业加速发展,中国经济由工业主导向服务业主导加快转变。国家十分重视服务业发展,陆续出台了结构调整以及支持第三产业发展的各项政策措施,有力促进了服务业发展。2011 年 3 月"十二五"规划提出"把推动服务业大发展作为产业结构优化升级的战略重点"的战略性要求。2015 年服务业增加值占比达 50.2%,中国进入以服务经济为主的时代。2017 年服务业增加值占比进一步增加(见图 2-1)。从三次产业对 GDP 增长的贡献率来看,服务业也已经超过第二产业,成为中国经济增长的主要推动力(见图 2-2)。

也有一些学者认为,由于各行业的价格变化幅度不同,因此以当年价衡量的产业结构不能反映出中国真实的产业结构现状。李钢(2013)认为,如果按照当年价格计算,1978—2009 年的产业结构变化状况是第一产业主要向第三产业进行了转移,而按可比价格计算则是第一产业主要向第二产业进行了转移。这点同西方国

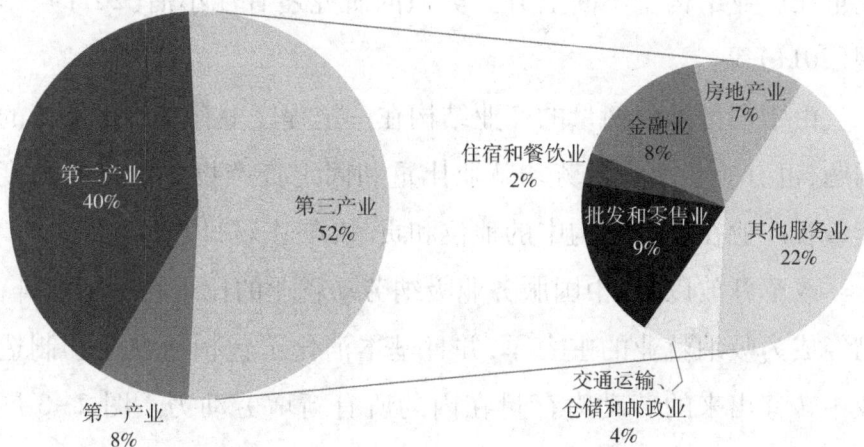

图 2-1　2017 年中国各产业占 GDP 比重

资料来源:《中国统计年鉴》,按当年价计算。

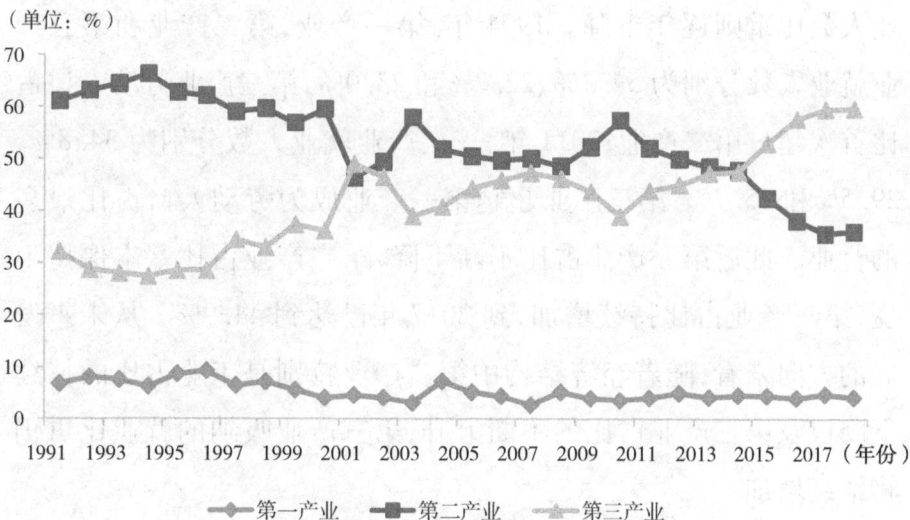

图 2-2　1991—2017 年三次产业对 GDP 增长的贡献率

资料来源:CEIC 中国经济数据库。

家类似,第三产业占比不断上升的主要原因是相对于第一产业和
第二产业,第三产业的价格上涨幅度最快,这直接导致了第三产业

比重在产业结构中不断上升。类似的研究还有江小涓(2011)、李钢(2011)等。

由于用增加值衡量的产业结构在一定程度上存在价格换算的问题,也有一些文献从劳动就业比重和固定资产投资占比的角度衡量各产业在经济结构中的地位和贡献(胡庄君,1993)。

改革开放以来,中国服务业吸纳劳动就业的比重在不断上升,已经成为吸纳就业的主力军,并且基本消化了包括从农业和制造业中转移出来的劳动力存量在内的所有新增劳动力。图2-3展示了1952年以来中国各产业劳动人口占比情况。从中可以看出,从20世纪70年代以来,第二产业和第三产业劳动人口占比一直保持不断增长的趋势,且第三产业增长快于第二产业,第一产业就业人数比重则逐年下降。1994年,第一产业、第二产业和第三产业就业人数分别为54.3%、22.7%和23.0%,第三产业劳动人口占比首次超过第二产业;2011年,三次产业就业人数分别为34.8%、29.5%和35.7%,第三产业超越第一产业成为劳动人口占比最多的行业。此后第一产业占比不断下降,第二产业占比基本保持不变,第三产业占比持续增加,到2017年已达到44.9%。从未来发展的方向来看,随着经济结构中第二产业特别是工业占比的持续下降以及第三产业占比的不断上升,第三产业吸纳的就业比重仍将继续增加。

从固定资产投资占比的角度来看(见图2-4),2017年中国第三产业固定资产投资的规模不仅远高于第一产业和第二产业,并且还大于两者的总和。事实上,从1993年开始,第三产业的固定资产投资就开始超过第二产业。"十二五"期间,服务业固定资产投资增速比平均水平高0.5个百分点,比工业高1.6个

（单位：%）

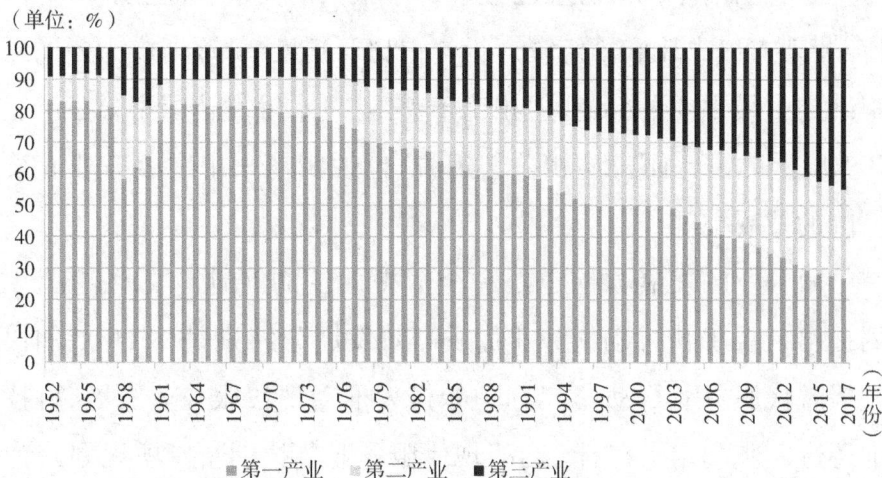

图 2-3 1952—2017 年中国三大产业劳动人口占比

资料来源：《中国统计年鉴》。

百分点，服务业同工业以及其他产业之间的差距不断增大。2017 年第一产业、第二产业和第三产业固定资产投资占比分别为 3%、37% 和 60%，其中房地产业和其他服务业占比分别为 22% 和 24%。

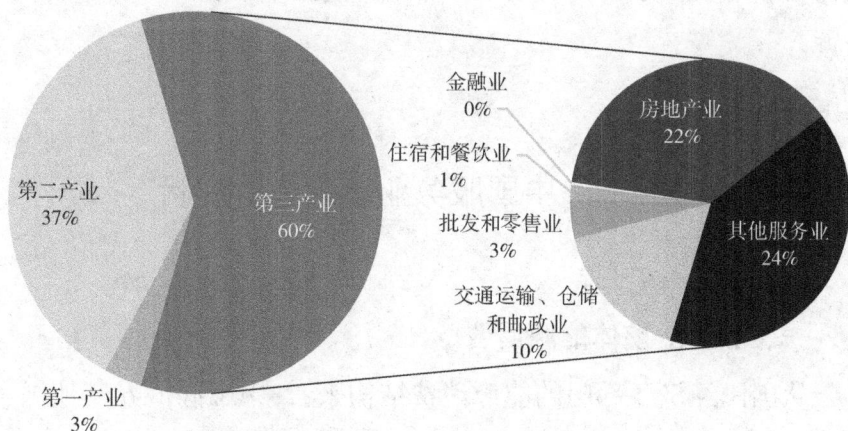

图 2-4 2017 年中国各行业固定资产投资占比

资料来源：《中国统计年鉴》，按当年价计算。

尽管当前中国服务业已经取得了很大的发展,并且从 GDP 占比、劳动人口占比和固定资产投资占比等角度,都逐渐成为国民经济结构中最重要的部门,但相比于美国、日本等发达国家第三产业70%以上的占比而言还相差甚远,这也说明未来中国服务业有着广阔的发展空间。

服务业的发展方向也是一个值得关注的问题。"十三五"规划提出,"要加快推动服务业优质高效发展",特别是要"开展加快发展现代服务业行动"。与此同时,为推动现代服务业发展,科技部还进一步制定了《"十三五"现代服务业科技创新专项规划》,为现代服务业发展提出了许多建设性的意见和建议。

根据科技部的定义,现代服务业是指在现代信息技术和管理方式基础上发展起来的新兴服务业,具有信息密集性和知识密集性等特征。一般而言,现代服务业往往出现在工业化水平较高的阶段,典型的现代服务业广泛应用云计算、大数据、移动互联网等新兴的信息和通信技术,同时不断加强同一些传统领域的融合,在生物材料、能源装备等领域不断取得突破,呈现出"跨界融合"的特点。

第三节　中国服务业能源消费现状

一、服务业整体能源消费

从国民经济各部门的能源消费结构来看,中国同世界其他国家有着较大的区别。中国的能源消费以工业为主,服务业和居民的能源消费占比相对较低。从图 2-5 可以看出,中国工业能源消费在中国能源结构中的比重显著高于其他三个国家,达到 49.5%,相比之下日本、德国和美国工业能源消费的比重分别仅为 29.8%、25.4% 和 17.5%。美国交通行业能源消费占比最大,达到 40.5%,对比中国仅有 13.5%。服务业能源消费在中国的比重也远远低于其他国家,根据国际能源署的数据,中国和日本、德国、美国的服务业占比分别是 3.7%、17.8%、15.2% 和 14.0%[1]。根据经济合作与发展组织和国际能源署的数据,成熟经济体的服务业约占终端能源消费总量的 9% 和碳排放量的 12%[2]。尽管同美国、德国和日本等发达国家相比,中国服务业的能源消费占比仍相对较低,但 2015 年以来,服务业已经成为中国新增能源消费的主要部门(见图 2-6)。

(单位:%)

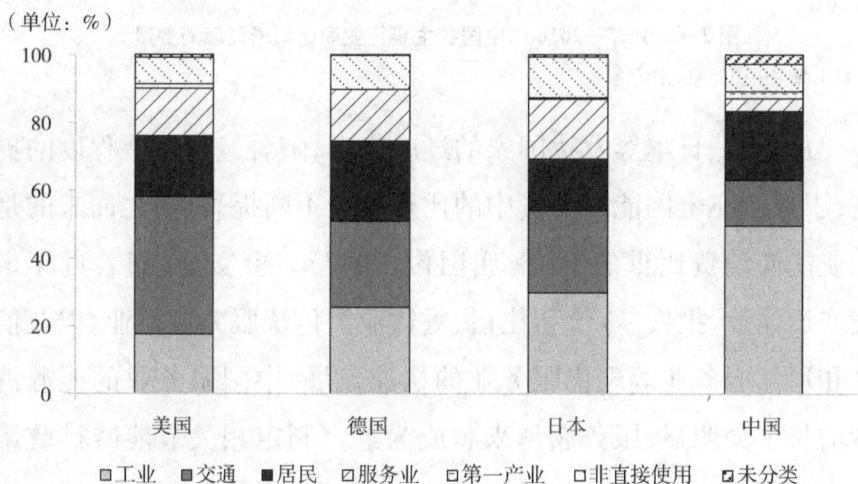

图 2-5 2017 年中国、美国、德国和日本一次能源消费结构

资料来源:国际能源署,笔者整理制图。

---

① 中国和国际能源署对能源消费的行业划分统计口径有所不同,根据国家统计局的行业划分,交通部门属于服务业,而国际能源署将交通运输单独列出。此处所指的服务业统一采用国际能源署的行业划分标准,因此不包含交通部门。

② 资料来自:Tracking Industrial Energy Efficiency and CO$_2$ Emissions (Paris, France:OECD/IEA,2008)。

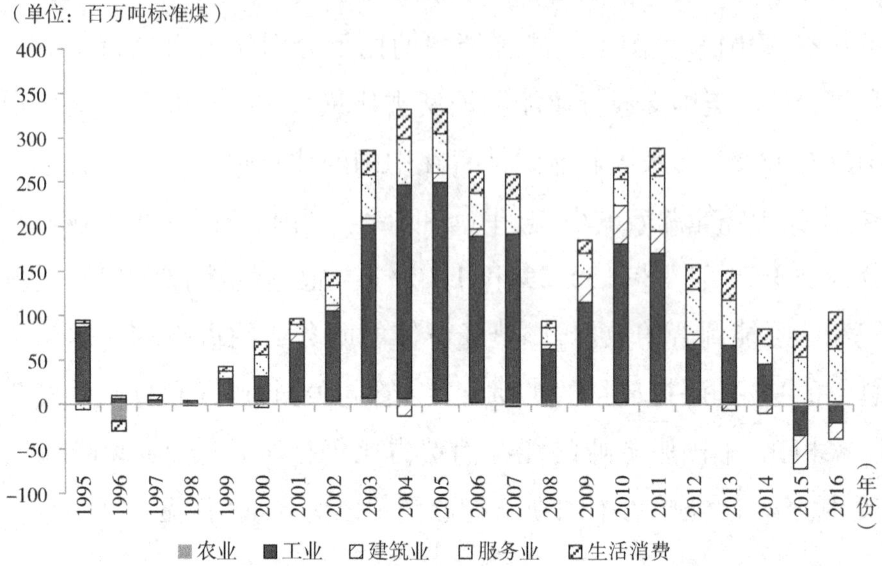

（单位：百万吨标准煤）

图 2-6　1995—2016 年中国各主要行业同比新增能源消费量

资料来源：《中国能源统计年鉴》。

　　从美国、日本等发达国家的经验来看,随着经济发展程度的提高,服务业在全国能源消费中的比重也会不断提高,随之而来的是工业能源消费比重的下降(屈国俊,2007)。事实上,随着近年来交通运输业、批发、零售和住宿、餐饮业等传统服务业行业,以及信息和通信服务业等现代服务业的快速发展,中国服务业的能源消费增长十分明显,服务业越来越成为国家制定相关节能减排政策过程中不可轻视的一部分(Zhang 和 Lin,2019)。

　　1991 年服务业终端能源消费约为 0.87 亿吨标准煤[①],到 2016 年迅速增长到 6.0 亿吨标准煤,大约相当于日本整个国家的能源消费总量(6.5 亿吨标准煤)。从增速来看,1991—2016 年,中国服务业能源消费年均增长率为 8.02%,远高于同期全国能源消费

――――――――――

　　① 电力消费量按电热当量法折算,下同。

5.91%的增长率。图 2-7 展示了 1991—2016 年中国服务业终端能源消费量及构成,从中可以看出,服务业的能源消费以石油为主,其次是电力和煤炭。2016 年石油、电力和煤炭在服务业终端能源消费中的比重分别为 61.3%、16.3% 和 10.6%,天然气、热力以及其他能源在服务业终端能源消费结构中所占的比重相对较低。从趋势上来看,电力和天然气等相对更加清洁的能源所占比重逐渐上升,这也能够在一定程度上反映出中国能源消费结构的清洁化转型。

(单位:亿吨标准煤)

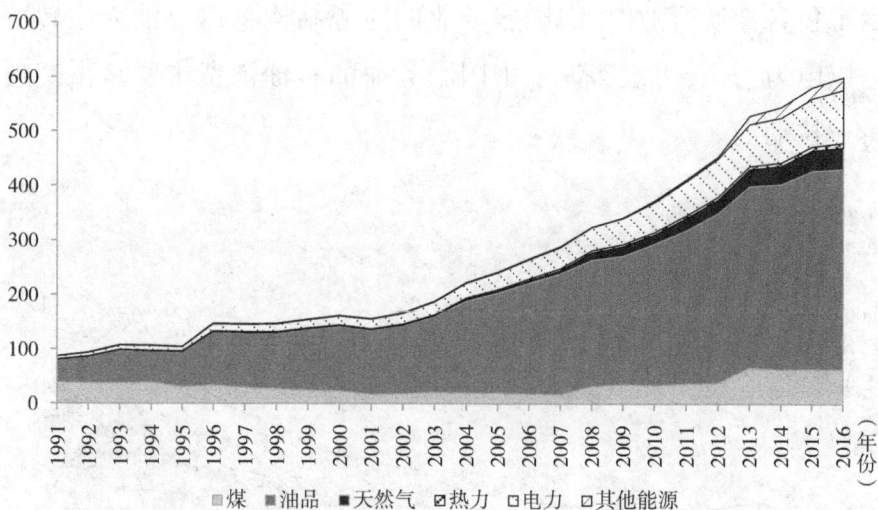

图 2-7　1991—2016 年中国服务业分品种终端能源消费量

资料来源:《中国能源统计年鉴》。

中国服务业以石油为主的能源消费结构,主要由行业自身发展特征所决定。根据《中国能源统计年鉴》中终端能源消费量的行业划分,服务业包含 3 个子行业,分别为:交通运输、仓储和邮政业,批发、零售和住宿、餐饮业,以及其他服务业,其中其他服务业主要为现代服务业。2016 年三个子行业在服务业增加值中的占比分别为 8.6%、21.6% 和 69.8%，而能源消费占比分别是 53.0%、16.1% 和 30.9%。由此可以看出，在服务业的内部构成中，传统的能源密集型的交通运输、仓储邮政业占 GDP 比重较低，但在能源消费中的比重却相对较高。

图 2-8 展示了除交通运输、仓储和邮政业外的中国服务业终端能源消费的能源结构。图中显示，中国服务业（不含交通）的终端能源消费是以煤炭、石油和电力三种能源为主的。2016 年煤炭、石油和电力在服务业终端能源消费中的比重分别为 26.4%、26.5% 和 35.9%，电力占比最大。通过对比图 2-7 和图 2-8 可知，当不包含交通行业时，中国服务业的能源结构从以石油为主转变为以电力为主，再次印证了中国服务业的石油消费主要是由交通行业拉动的。

（单位：亿吨标准煤）

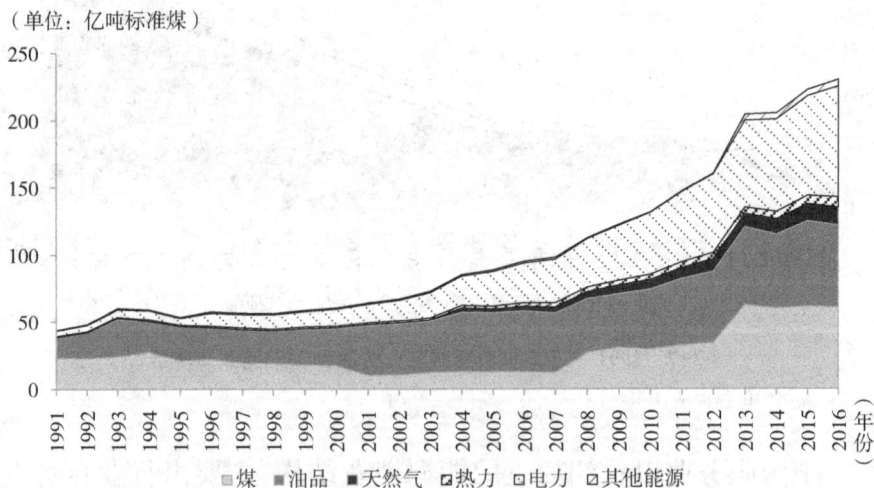

图 2-8　1991—2016 年中国服务业（不含交通）分品种终端能源消费量

资料来源：《中国能源统计年鉴》。

表 2-2 列出了服务业三个子行业煤炭、石油和电力等主要能

源消费品种在 1990 年和 2016 年的消费量。1990—2016 年,交通运输、仓储和邮政业的石油消费和电力消费均保持了较快速度增长,而煤炭消费下降幅度较大,在这期间该行业煤炭、石油和电力消费的复合增长率分别为-6.25%、10.2% 和 9.96%;批发零售、住宿餐饮业三个能源品种的消费量均出现了不同程度的上升,其中煤炭、石油和电力消费的复合增长率分别为 5.07%、8.06% 和 14.05%;其他服务业的三个能源品种的消费量也均出现了不同程度的增长,煤炭、石油和电力消费的复合增长率分别为 2.82%、6.1% 和 12.57%。

表 2-2　中国服务业分行业主要能源品种终端消费量

行业	煤炭（百万吨）		石油（百万吨）		电力（10 亿千瓦时）	
	1990 年	2016 年	1990 年	2016 年	1990 年	2016 年
交通运输、仓储和邮政业	21.61	4.04	16.83	210.32	10.59	125.15
批发零售、住宿餐饮业	10.58	38.26	0.78	5.85	7.62	232.38
其他服务业(现代服务业)	19.80	40.81	7.58	35.37	20.24	439.48

资料来源:《中国能源统计年鉴》。

总的来看,批发零售、住宿餐饮业和其他服务业的电力消费增长最快,石油消费其次,煤炭消费增速最慢,交通运输、仓储和邮政业由于自身行业特征,石油消费的增速最快,电力消费其次,煤炭消费出现了较大程度的下降。随着中国产业结构调整,服务业正扮演着日益重要的角色,服务业在经济中的比重也将持续增长。而伴随着服务业的快速发展,中国服务业的能源消费将会日益增长,其产生的能源环境问题也将日益突出。

二、服务业子行业能源消费

服务业中既包含交通运输和仓储邮政业等传统服务业,也包含信息传输、软件和信息技术服务业、金融业以及文化产业等现代服务业。由于服务业子行业较多,且各子行业之间存在着很强的异质性,其能源消费特征也不尽相同,因此下面从行业的角度对服务业的能源消费进行分析。

现有文献中,各行业的能源消费数据多来自历年《中国能源统计年鉴》,但《中国能源统计年鉴》相对而言更侧重统计工业行业能源消费,对服务业行业的能源消费统计不够细致,仅统计了"交通运输、仓储和邮政业"和"批发零售、住宿和餐饮业"的能源消费,将剩余服务业行业统一归纳为"其他服务业",这样的统计数据对于详细探讨中国服务业能源消费的内涵显得相对不足。相比之下,世界投入产出数据库(World Input-Output Database,WIOD)较为详细地整理了中国各服务业子行业的分品种能源消费情况,其中交通运输、仓储和邮政业进一步细分为陆路运输业、水上运输业、航空运输业、邮政通信业和其他辅助性运输活动和旅行社,批发零售、住宿和餐饮业进一步细分为住宿和餐饮业、批发业、零售业,同时还较为详细地列举了金融业、房地产业、租赁和商务服务业以及一些公共和社区服务业行业(见表2-3)。

表2-3 中国能源统计年鉴和世界投入产出数据库的服务业统计口径对比

中国能源统计年鉴	世界投入产出数据库
交通运输、仓储和邮政	陆路运输业、水上运输业、航空运输业、其他辅助性运输活动和旅行社、邮政通信业
批发零售、住宿和餐饮	批发业、零售业、住宿和餐饮业
其他服务业	金融业、房地产业、租赁和商务服务业、公共管理和社会保障、教育、卫生和社会工作、其他社区、社会和个人服务

　　根据世界投入产出数据库提供的数据①,可以对各服务业子行业能源消费情况进行较为细致的分析。从图 2-9 可以看出,中国服务业的能源消费主要集中在交通运输业,其中陆路运输业、水上运输业和航空运输业是能源消费最大的三个子行业,分别占当年服务业总能源消费的 18.21%、16.98% 和 14.13%。从消费的能源品种来看,交通运输业的能源消费以油品为主,其中陆上运输业以柴油为主,还包含少量燃料油、电力和煤炭,水上运输业和航空运输业则分别以燃料油和航空煤油为主。

（单位：万亿焦耳）

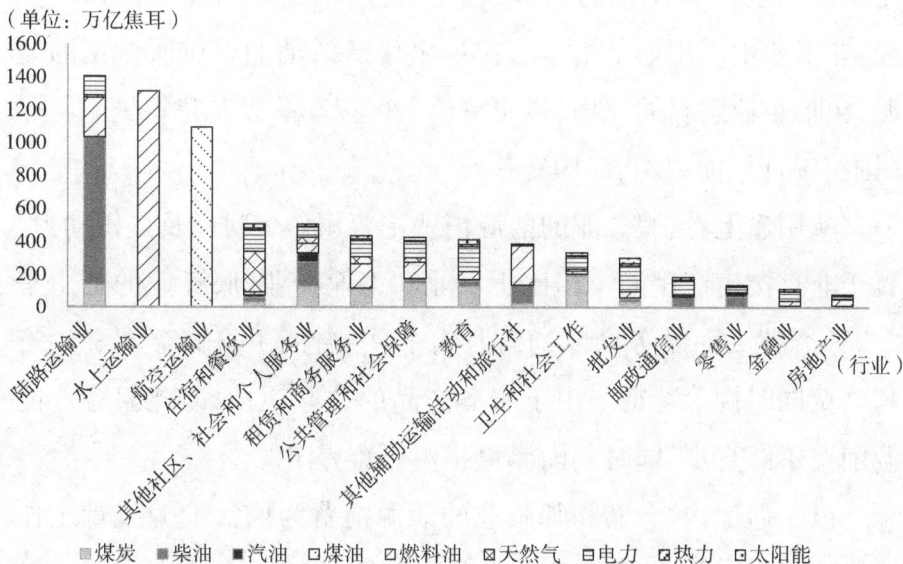

■煤炭　■柴油　■汽油　□煤油　□燃料油　▨天然气　□电力　▨热力　□太阳能

图 2-9　2009 年中国各服务业子行业分品种能源消费量

资料来源:世界投入产出数据库。

　　住宿和餐饮业是服务业子行业中除陆路、水上和航空三大运输业之外最大的能源消费部门,占服务业能源消费总量的 6.68%

---

　　①　世界投入产出数据库仅公布了 1995—2009 年的数据,缺乏最新统计数据,但此处仅对服务业能源消费进行定性分析。因此,这里使用 2009 年的数据对服务业子行业能源消费进行描述性分析。

左右。住宿和餐饮业的能源消费以天然气和电力为主,主要用作燃料,这也较为符合住宿和餐饮业的行业特性。所有服务业子行业中,房地产行业的能源消费最低,仅占服务业能源消费总量的1.06%,且以电力为主。值得注意的是,相比于农业和工业,电力、天然气和油品在服务业中所占的比重都相对较高。

在实际的生产活动中,能源的用途主要分为三种:一是用作燃料,二是提供动力,三是作为原材料。从生产环节的角度来划分,能源消费又可以分为生产用能和非生产用能,其中生产用能指的是生产活动中所使用的能源,包括直接、辅助和附属生产系统用能,非工业生产用能是指不直接从事生产活动的单位所使用的能源,包括企业附属的农场、科研单位、食堂、车队以及建筑施工队等(国家统计局能源司,2010)。

从用途上看,服务业的能源消费主要用作燃料以及提供动力,属于非直接生产用能。相比于农业和工业行业,服务业的产出是"服务产品",而服务产品通常具有非实物性、不可储存性和生产与消费同时性等特征。由于服务产品的这些属性,因此服务业能源消费不够直观,同时其内涵也相对更难界定。

以交通运输、仓储和邮政业的能源消费为例,《能源统计工作手册》规定,其能源消费量是指独立核算的相关企业为进行运输通信及附属的非独立核算单位进行非运输、邮电活动所消费的能源,具体包括:铁路、公路、水运、民航、管道运输企业为进行旅客和货物运输所消费的能源;交通运输企业为进行装卸业务所消费的能源;邮电通信企业为进行邮政业务和电信业务所消费的能源;为运输、通信活动而进行的大、中、小修理所消费的能源;非独立核算的附属单位消费的能源。

上述定义的能源消费指的是服务业的直接能源消费,也即从生产侧视角衡量的能源消费。而对服务业而言,其间接能源消费要远高于其直接能源消费(彭水军等,2015)。根据其所提供服务的属性,服务业分为生产性服务业和生活性服务业。前者是很多工业行业重要的要素投入,尽管其直接能源消费相对较低,由于生产性服务业可以提高工业行业的能源效率和促进产出,进而可能通过反弹效应等机制导致能源消费总量的增加。而对生活性服务业而言,尽管其提供的服务产品中直接蕴含的能源消费相对较低,但就产业链的角度而言,生活性服务业处在整个产业链的下游,需要大量来自中上游行业原材料以及中间产品投入,而这些原材料及中间产品中往往蕴含着大量的能源消费。林伯强等通过投入产出转换,重新核算了消费侧视角下各行业的能源消费,研究结果表明,尽管房地产业以及现代服务业的直接能源消费相对较低,但经过投入产出转换之后,消费侧视角下的房地产业和包含现代服务业在内的其他服务业成为最主要的能源消费部门(Lin 和 Zhang,2018)。现有研究大多只关注服务业的直接能源消费,而将其视为较为"低碳"和"清洁"的行业,但考虑了生产性服务业和生活性服务业隐含的间接能源消费之后,服务业对全国能源消费乃至资源环境的影响将会大得多。

第四节 世界服务业发展现状

根据世界贸易组织发布的《世界贸易统计数据 2019》(World Trade Statistical Review),2018 年全世界货物贸易金额约为 19.67

万亿美元,同比增长了 3.0%,但由于全球贸易局势的紧张和较为严厉的贸易限制,这一增长率显著低于 2017 年 4.7% 的增长率。世界贸易组织 2018 年 10 月中至 2019 年 5 月中的贸易监测报告所记录的进口限制措施所涵盖的贸易估计为 3395 亿美元,仅次于 2017 年 10 月中至 2018 年 10 月贸易监测报告所记录的 5883 亿美元。可以说,当前较为紧张的贸易局势给未来世界贸易增长带来了较为严峻的压力。

与当前较为紧张贸易局势给全球货物贸易增长带来的压力相比,全球服务贸易发展相对较快。世界贸易组织公布的统计数据显示,2018 年全球服务贸易总额达到了 5.63 万亿美元,同比增长了 8.0%,增速显著高于货物贸易。自 2008 年以来,世界商业服务出口额按价值计算增长了 46%,服务出口年均增长 3.9%。特别是在计算机服务业的带动下,信息和通信技术业的出口增长率达到了 15%,增速居所有服务业行业中的第一位。从地区来看,美国仍然是世界上最大的服务贸易国,而得益于 2018 年世界杯的成功举办,独联体国家 2019 年商业服务业贸易出口的增速最高,中国则是发展中国家商业服务(按价值计)的最主要出口国,2018 年其出口增长了 17%。

另外,全球贸易集中度继续提高。世界贸易组织公布的数据显示,2018 年全球前十大国家或地区的贸易额占世界贸易总量的一半以上,其中前五名的占比约为 37%。所有国家或地区当中,发展中经济体的贸易水平不断提高,在世界贸易中扮演着越来越重要的角色。值得注意的是,全球贸易不平衡问题也在加剧,最不发达地区的商品出口仅为 1930 亿美元,占世界出口总额的比重低于 1%。

商品贸易和服务贸易是当前全球贸易的重要组成部分。服务贸易是指一国的法人或自然人在其境内或进入他国境内向外国的法人或自然人提供服务的贸易行为。主要方式有既包括从一成员境内向任何其他成员境内提供服务,又包括在一成员境内向任何其他成员的服务消费者提供服务,同时还包含一成员的服务提供者在任何其他成员境内以商业存在或自然人存在提供服务。根据世界贸易组织的划分,服务贸易主要包含商品贸易相关的服务、交通运输、旅游,以及计算机和通信信息服务业等其他服务相关的国际贸易。上述服务贸易包含的行业中,交通运输与能源环境的关系最为密切。根据世界贸易组织的统计数据,2018 年世界运输服务贸易总额超过 1 万亿美元,增长 7%,所有区域均实现增长(见图 2-10)。独立国家联合体(独联体)的增长最高(11%),其次是欧洲(9%)。总的来看,欧洲占 2018 年全球运输出口的近一半。

(单位:%)

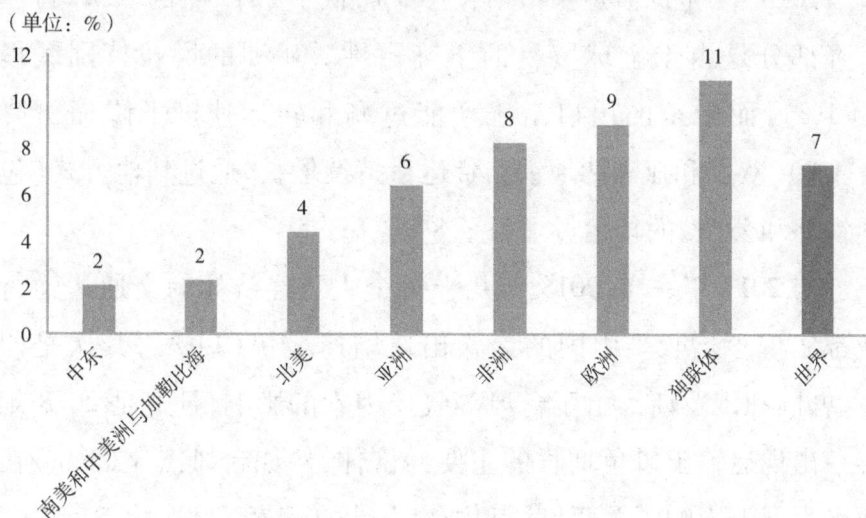

图 2-10 2018 年各地区运输出口额增长率

资料来源:WTO-UNCTAD-ITC,World Trade Statistical Review,笔者整理制图。

航空运输出口在 2018 年继续增长,航空货运量增长 4.1%。航空货运收益的增长速度快于 2017 年,但 2018 年下半年航空货运量增速放缓。独联体航空货运量增长最高(24%),其次是非洲(21%),两者均远高于 11% 的世界平均增长率。

由于航空和海上运输的增长均趋于平稳,中东地区的增长率低于世界平均水平。南美和中美洲以及加勒比地区的交通运输增长也低于 2018 年的世界平均水平,这反映出上述地区经济增长放缓以及极端天气等气候因素的影响。2018 年国际航空客运量增长了 7% 左右,实现了较为快速的增长,与之相比航空公司的运力增长速度相对较为缓慢,这说明国际航空客运量的增长主要是通过飞机的载客率(每次航班座位的百分比)提高而实现的,这也能提高航空公司的盈利水平。独联体国家的航空客运服务增长最快,达到了 19%,与之相比世界航空运输服务总体增长了 8.5%。

2018 年,全球海运出口增长了 5%,低于 2017 年的 12%,这一下降部分是由于全球贸易的不确定性。亚洲的增长特别缓慢(+1%),而中东的出口由于产能过剩和转运速度下降而下降(-1%)。欧洲和亚洲两地铁路货运量持续增长,通过其他方式(包括铁路和公路)的货运量增长了 8%。

与 2017 年一样,2018 年几乎每个主要经济体的交通运输行业都实现了增长。中国的运输出口增速最快(14%),其次是印度、韩国和俄罗斯。由于台风等气候因素的影响,日本是 2018 年唯一出现运输出口负增长的主要经济体,例如台风杰比(Jebi)在很大程度上影响了关西机场和神户海港的运营。

世界旅游出口涵盖了旅行者国外旅行期间在商品和服务上的支出,这一领域自 2017 年以来一直保持着增长的态势,2018 年的增长率为7%。这主要是由于国际旅游业的增加,例如俄罗斯举办了2018年世界杯,这在很大程度上吸引了该地区的游客,从而提高了当年独联体国家的旅游收入,另外随着第比利斯和欧盟之间新的廉价航空航线的实施,格鲁吉亚的游客到访人数特别是来自欧盟的游客数量显著增加。

在北非的增长带动下,非洲第二年旅游出口(+12.5%)和游客人数(+12.1%)显著增长。非洲的旅游收入主要受安全形势的影响。以埃及为例,埃及在过去十年中平均占非洲旅游出口的1/5,由于2018年埃及的国内局势相对稳定,其旅游收入实现了49%的增长。南非是撒哈拉以南非洲最受欢迎的旅游目的地,但由于汇率问题和严重的干旱,南非2018年的旅游增长较为有限。

游客输出国方面,2018年世界上主要的游客输出国均实现了旅行收入和国际游客人数的增加。欧洲是全球最大的游客输出国,其旅游业出口自2016年以来已经实现了连续三年增长。在有利的汇率和相关假期政策的支持下,土耳其和希腊的游客人数增长也较为迅速。在亚洲,中国的旅游业收入增长也较为迅速,在东南沿海地区,随着珠港澳大桥在2018年10月的通车,包括中国香港在内的整个大湾区的旅游业发展十分迅速。与此同时,中国的旅游出口在连续两年下降之后也实现了缓慢增长。

与此同时,包含金融服务、商业服务和知识产权使用费等在内的其他商业服务的贸易在2018年增长相对迅速,其贸易总额达到3.1万亿美元以上。事实上从2017年开始,几乎每个国家或地区的此类贸易都在快速增长。保险、电信、计算机和信息服务收入的增长推动了独联体和中东地区的增长,而由于巴西和阿根廷等主要经济体的 GDP 下降,南美和中美洲的其他商业服务收入略有下降。

电信、计算机和信息服务(Information and Communication Technology,ICT)在 2018 年增长最快,达到了 15%,保险和养老金服务业的增长率为 8%。

2008—2018 年,电信、计算机和信息服务在其他商业服务中所占的份额从 2008 年的 16.1% 增加到了 2018 年的 19.5%。在过去的 10 年中,其平均增长率为 8%,是其他商业服务所涵盖的部门中最高的。从各国的情况来看,欧盟是 2018 年电信、计算机和信息服务的主要出口国,其中爱尔兰是欧盟乃至全球最大的电信、计算机和信息服务出口国。印度是第二大出口国,而中国则超过美国成为第三大出口国。

电信、计算机和信息服务贸易一直以计算机服务贸易为主导,在过去十年中,计算机服务的份额随着电信出口份额的下降而增加。这种下降的部分原因是电信传输成本自 2008 年以来下降了 40%,这导致了全球电信收入在电信、计算机和信息服务出口中所占份额的下降。

尽管电信服务的份额下降了,但计算机服务收入的价值却增长了 1 倍以上,从而使后者在电信、计算机和信息服务贸易中所占的份额从 2008 年的 65% 增加到 2018 年的 78%。计算机服务,包括数据库开发、数据处理和软件设计等。得益于技术变革,例如企业将 IT 运营转移到云计算的业务不断增长。与 DVD 等物理介质上的软件交易相反,计算机服务贸易也看到了以在线形式提供可下载服务的便利性。例如,作为全球最大的计算机服务出口国,爱尔兰的软件服务出口增加,而其物理形式的出口在 2012—2016 年期间不断下降。另外,以色列在 2010—2017 年的计算机服务出口和物理形式的软件出口均实现了增长,但计算机服务出口的增长速度是物理软件出口的 11 倍以上。

第三章　服务业能源环境问题研究

第一节　产业结构服务化与能源消费

在当前中国经济下行压力加大的背景下,过去被高速经济增长所掩盖的资源与环境方面的矛盾不断凸显,寻求绿色低碳可持续的经济增长成为人们的共识,而这势必要求优化产业结构以释放经济潜能。随着世界各国对温室气体排放和资源环境问题的不断重视,未来中国经济发展将会面临更加严峻的环境压力与资源约束。近年来随着环保标准的不断升级以及工业节能减排潜力的不断释放,单纯依靠工业层面的治理已不能完全满足环保要求,而随着服务业的不断发展以及服务业能源消费的不断增长,服务业节能减排恰好为我们提供了一个新的方向。

通常人们往往把服务业描述为绿色、低碳的行业,并认为提高服务业在产业结构中的比重能较好地解决节能减排和环境污染等方面的问题(林伯强和牟敦国,2008)。但随着研究的深入,越来越多的文献开始提出并探讨服务业比重不断提高与能源消费不断增加之间的矛盾。彭水军等(2015)研究发现,经济合作与发展组织国家(发达国家集团)服务业占 GDP 的平均比重已达到 74.2%,但被视为服务型、无重量(Weightless)经济典范的发达国家仍然消耗着世界的大部分能源资源,同时也是各种主要污染物和温室气体排放的重要来源,因此对经济体向服务经济转型能有效地降低环境冲击的观点需要持谨慎态度。一些对美国、日本、挪威等发达国家的研究显示,经济发展从物质经济向服务经济转型的过程中降低了单位产出的物质消耗,但经济总产出增加给资源环境带来的压力并未被消除(Adriaanse,1997;Ehrlich,1999)。

总的来看,当前我国产业结构向服务经济转型过程中存在两种截然不同的观点:

一方面,经济服务化有可能降低能源消费,理由如下:(1)中国的高能耗、高排放、高污染主要是由重工业的快速发展造成的。但近两年来,重工业增速放缓,经济进入新常态,能源需求和能源消费增速放缓。(2)近年来随着经济结构调整和产业结构转型,中国服务业加速发展,服务业增加值占比已超过 50%。伴随着城市化进程,中国服务业比重继续提高。(3)以往研究普遍认为并假设服务业是一个低能耗、低排放的"干净"的产业,大量关于解决我国经济增长引发环境问题的政策建议都是将产业重心由工业转向服务业,提高服务业在国民经济中的比例。基于以上事实,经济服务化可能会降低能源消费总量。

另一方面,从发达国家发展的历史经验来看,经济服务化不一定能够显著降低能源消费,理由如下:(1)美国作为典型的发达国家,其服务业增加值占 GDP 比重高达 78%,但是其能源消费量也很大,居世界第二;(2)服务业逐步成为新增能耗的主要部门,根据发达国家经验,未来交通部门和居民部门的能耗将持续增长;(3)中国作为一个大国,经济体量之大使中国不能完全依靠进口来满足国内需求,生产和服务只能大部分来自国内,大量需求和生产必然引致大量能源消费。因此,基于以上事实,经济服务化或许并不能降低能源消费。

那么,产业结构转型,或者说经济服务化对能源消费的影响究竟是怎样的? 很多学者试图从能源强度与产业结构的关系角度给出答案。马伦鲍姆(Malenbaum,1973)研究表明,产业结构从第一产业到第二产业,再到第三产业的演进过程中,能源消费弹性和能源消费强度呈倒"U"型的变动规律。之后的学者先后对美国1880—1955年和英国1700—1975年的能源消费强度进行了验证,发现确实存在这一趋势。从已经完成工业化进程的西方国家的历史经验来看,其能源强度多呈现出先升后降的趋势,且与产业结构有较为明显的对应关系。韩智勇(2004)定量分析了经济结构对能源强度的影响,发现1998—2000年,中国各产业尤其是工业能源利用效率的提高是能源强度下降的主要原因。上述研究在一定程度上分析了能源强度同产业结构之间的联系,但都无法解释为何西方发达国家的能源消费总量和服务业占比存在正向联系。

彭水军(2015)认为,服务业的生产消费活动主要通过前向关联效应和后向关联效应①两方面的作用来影响能源资源消费

①　前向关联效应是指某产业技术改进或价格变动等方面的变化对下游行业的影响,具体又可以分为直接前向关联效应和间接前向关联效应。后向关联效应是一个与前向关联效应相对应的概念,是指一个产业发生的变动所引起的其上游行业在这些方面的变化。从产业链的角度而言,处在产业链上游的行业其前向关联效应较为明显,而下游行业的后向关联效应较为明显。

总量。前向关联效应主要体现在生产性服务业的作用上。一方面,生产性服务业可以提高制造业的劳动生产率,进而提高能源和资源效率,降低单位产出的消耗和污染物排放;另一方面,这种技术进步的反弹效应也可能加速资源开采和消耗,不利于节能减排和环境保护,因此出现"杰文斯悖论"。后向关联效应主要体现在尽管服务业本身所提供的产品能源强度较低,但这些服务业产品的生产在很大程度上依赖中上游行业所提供的中间产品,而这些中间产品的生产需要消耗大量的能源资源。

李艳梅等(2014)从生产部门和生活部门两个方面研究了产业结构变动对能源消费的影响。生产部门方面的影响比较直观,产业结构变动最直接的体现是各行业增加值占 GDP 的比重发生变动,其背后是国民经济生产方式的变动。而生产方式的变动,又进一步从供给层面和需求层面对能源强度以及能源结构等因素产生影响,从而导致社会整体能源消费的变动。生活部门方面是通过城市化进程对能源消费产生影响的。随着产业结构的变动,就业人口结构和城乡结构也会发生变动。随着农业占比不断下降,大量劳动人口从农业向工业、建筑业和服务业不断转移,同时也伴随着人口从农村向城镇流动。人口从农村向城市转移的过程伴随着收入的增加,同时也带来了消费水平的增加,生活能源消费也随之增长,并主要集中在燃料和电力两个方面(何晓萍等,2009)。此外,收入水平和生活习惯的改变也在一定程度上影响了能源消费的结构。随着收入水平的增加和生活质量的改善,人们开始追求更加清洁、高效的能源,具体表现为电力和天然气在居民能源消费结构中的比重不断增加。

对美国的研究表明,在能源结构不变的前提下,以服务业为主导的经济体在发展过程中会伴随着碳排放强度的下降,但总体碳排放绝对量会增加。尽管服务业占比增大可以降低碳排放强度,但由于服务业消费了大量碳排放强度较大的上游产业的产品,碳排放的绝对量仍然呈增长趋势,因此绝对排放量的减少并不能在经济发展和结构调整的过程中自动实现,除非服务业能够不依赖能源密集产品(Suh,2006)。

海斯卡宁(Heiskanen,2001)认为,产业结构调整只有在以下三个条件都成立的情况下使能源消耗减少。第一,服务应该在增加值绝对量上取代商品。第二,每单位增加值的服务应该比它取代的商品需要更少的能源。第三,服务取代商品的节能效应不能被经济增长所抵消。

总的来看,产业结构服务化对能源消费的影响机理较为复杂,但从发达国家的经验来看,一个国家或地区的能源消费总量并不会单纯地随服务业比重的提高而降低。一方面,服务业的发展需要消耗大量中上游行业提供的中间产品,而这些中间产品的生产过程中需要消耗大量的能源;另一方面,服务业发展的节能效应很可能无法抵消经济增长对能源消费的拉动作用。随着中国服务业的进一步发展,服务业能源消费对全国能源消费的影响会越来越大。在生态文明建设的大背景下,对服务业的能源消费相关问题进行探讨显得愈加重要。本书正是基于这种考虑,试图从能源效率和综合效率等角度对中国服务业的能源环境问题进行实证分析和讨论,以期为制定相关政策和规划提供一定的参考。

第二节　服务业能源环境问题

传统衡量和评估服务业发展的指标多为劳动生产率,因为传统的服务部门是劳动密集型的。服务业的劳动生产率一直是个有争议的问题,最著名的理论是美国经济学家威廉·鲍莫尔在 1967年提出的由于服务业成本不断上升使服务业劳动生产率增长滞后的理论,即鲍莫尔成本病。然而,随着服务业的现代化,服务业的发展越来越依赖于其他生产要素,如资本和能源,但劳动生产率这种单要素指标却无法衡量各投入要素之间的替代作用。随着研究的不断深入,衡量服务业发展的理论和指标体系也在不断拓展。近年来,能源与环境问题不断引发人们的关注,而有关服务业的能源与环境问题也逐渐引起更多的关注。

一、国内研究

国内的现有文献大多聚焦于技术进步研究服务业的全要素生产率。程大中(2003)使用总量生产函数估算了改革开放到 20 世纪末期中国服务业全要素生产率的增长率。顾乃华(2008)使用数据包络分析的方法对 1992—2002 年中国服务业的技术效率增长特征进行了分析。王恕立和胡宗彪(2012)使用序列数据包络分析—曼奎斯特(DEA-Malmquist)指数法,测算了 20 世纪 90 年代到 21 世纪初期 14 个服务业子行业的全要素生产率,发现服务业全要素生产率(Total Factor Productivity,TFP)增长存在较大的行业异质性,推动其增长的主要因素是技术效率提高。上述研究只考虑了劳动、资本和产出三种投入产出要素,并未考虑服务业的能源环境影响。庞瑞芝和邓忠奇（2014）改进了方向距离函数（Direction Distance Function, DDF）的方向选择并将能源和环境因素（二氧化碳和二氧化硫）纳入服务业全要素生产率框架，测算了1998—2012年中国服务业和工业的单要素生产率（包括劳动生产率、资本生产率和能源生产率）和全要素生产率，发现中国服务业的劳动生产率、资本生产率和全要素生产率低于工业，能源生产率高于工业。王恕立等（2015）同样考虑了能源投入和两种非合意产出（化学需氧量和二氧化硫），使用基于方向距离函数的曼奎斯特-龙伯格（Malmquist-Luenberger）指数法，分别测算了不同省份之间和不同子行业之间全要素生产率的变动情况，发现服务业全要素生产率增长的源泉主要是技术进步。

关于中国能源效率的研究大多集中在农业、工业和建筑业，尤其是能源密集型产业，而研究中国服务业能源效率的文献较少，特别是全要素能源效率。关于服务业单要素能源效率有以下研究。王许亮和王恕立（2018）基于世界投入产出数据库对全球包括中国在内的40个经济体的服务业35个细分行业的能源生产率（能源消费与增加值的比重）进行了比较分析和收敛性分析，研究发现发达国家和发展中国家的服务业能源生产率分别呈现上升和下降态势，服务业总体和大部分子行业存在绝对收敛和条件 β 收敛。

而对中国服务业全要素能源效率的研究也较少。白雪洁和孟辉（2017）基于方向性距离函数利用绿色两年期曼奎斯特-龙伯格（Green Biennial Malmquist-Luenberger, GBML）指数测算了2004—2012年中国27个制造行业和14个服务行业的全要素能源效率并对其进行因素分解，得出服务业未必比制造业更绿色环保的结论。宋雪和匡贤明（2018）采用基于松弛变量数据包络分析（Slack

Based Method DEA,SBM-DEA)方法并考虑环境因素对中国各地区服务业的全要素能源效率进行了测算,并用双边归并 Tobit 模型和双边断尾模型分析了服务业内部结构、能源结构、经济发展水平以及环境规制等因素对全要素能源效率的影响。江静和马莹(2018)将劳动、资本、能源和 GDP 四种投入产出要素纳入数据包络分析框架测算了中国省域服务业的全要素能源效率,并进一步用计量方法研究表明中国服务业全要素能源效率与对外开放水平和国有化程度分别呈倒"U"型和负向关系。上述文献或未考虑服务业的环境影响,或未考虑区域异质性,本书第五章在服务业全要素能源效率的测算方法上对这些方面进行了改进。

　　除了对中国服务业能源效率的研究,也有文献侧重分析中国服务业的环境影响,核算其环境效率、碳生产率、碳排放因素等。卢愿清和史军(2012)使用基于卡雅(Kaya)恒等式的对数平均迪式分解法(LMDI)模型对中国服务业二氧化碳排放进行了因素分解研究,结果显示服务业发展和能源效率提高分别是促进服务业二氧化碳排放增长和降低的最主要因素。刘广为和赵涛(2012)使用离散二阶差分预测了 2020 年中国服务业的增加值及碳排放,并使用向量自回归(VAR)模型分析了产业结构中服务业比重对全国整体碳强度的影响,结果表明,服务业占比增加会在一定程度上降低全国二氧化碳排放强度。李健和周慧(2012)使用灰色关联法分析了中国碳强度同三次产业之间的关联性,结果表明,11个省、自治区、直辖市的服务业对碳强度的影响超过其他产业。庞瑞芝和王亮(2016)为克服数据包络分析无法进行统计检验等缺点利用数据包络分析—自抽样(DEA-Bootstrap)两阶段分析方法,考虑能源消耗和 CO_2、SO_2 排放,核算了中国 2010—2013 年服务业的环境全要素效率,研究发现服务业并不是绿色的。滕泽伟等(2017)采用基于松弛变量的方法(Slacks-based Measure,SBM)方向性距离函数和全局曼奎斯特-龙伯格(Global Malmquist-Luenberger,GML)指数方法核算了中国服务业分行业的碳生产率及其收敛性。

也有一些研究针对服务业中能耗和碳排放量较大的行业,如交通运输业,提出更为具体的节能减排政策。徐盈之和邹芳(2010)使用投入产出模型定量分析了中国各个产业部门生产活动中隐含的二氧化碳排放,并根据实证结果提出应从生产和消费两个角度核定各产业的碳减排责任。其研究结果表明,服务业中减排责任最大的部门为:交通运输、仓储及邮电通信业,批发和零售贸易,住宿和餐饮业,其中交通运输、仓储及邮电通信业是直接碳排放量最高的行业,节能减排责任不容忽视。

总的来看,上述有关服务业生产率或者效率的文献大多采用方向距离函数模型,本书在第六章服务业综合效率测算时用非径向方向距离函数(NDDF)模型作为改进,在第五章核算服务业全要素能源效率时用基于松弛变量的共同前沿方法克服了方向距离函数和非径向方向距离函数需要设定方向向量和权重向量的缺点。

二、国外研究

国内对服务经济的研究起步较晚,而国外对服务业的理论和经验研究已有半个多世纪了,并且也已经从各个角度开始强调服务业的能源环境问题。

针对服务业被认为是"无形的"和"非物质的"的传统观点,越来越多的实证研究开始基于消费侧和整个产业链的视角对服务业

的环境影响进行评估,也逐渐有研究意识到,服务业的环境友好是
一种错觉,服务业隐含在供应链中的对资源环境的间接影响比直
接影响要大得多(Alca'ntara 和 Padilla,2009;Fourcroy 等,2012)。
一项采用多区域投入产出模型来估算 41 个国家服务业基于消费
侧视角下能源消费和排放的研究结果表明,从消费侧来看服务业
消耗的能源远远超过直接的能源消耗(Zhang 等,2015)。此外,还
有一项分析乌拉圭服务业能源消费的研究表明,多数服务业部门
虽然直接能源消费和排放均相对较低,但由于其发展需要依赖其
他污染物排放和能源消费量较大的行业提供中间产品,因此这些
服务行业的间接能源消费和间接排放都十分可观(Piaggio,2015)。

　　总的来看,上述研究都认为服务业的发展需要消耗大量中上
游行业提供的中间产品,而这些中间产品的生产过程中需要消耗
大量的能源,因此服务业的能源环境问题也很重要。

　　还有一些文献从服务业的建筑耗能角度出发来研究服务业的
能源消费和二氧化碳排放。在国外的统计中,服务业由于不包含
交通因而大多数活动发生在建筑物中,即办公室、学校、医院、零售
商店、旅馆、餐馆及许多其他建筑。能源被用于服务业建筑物中的
供暖、照明和制冷,以及烹饪和办公设备和其他电器的使用过程
中。供暖、照明和制冷的水平主要由商业建筑地板面积所决定,而
采暖设备、办公设备和一些电器的能源消耗则更多地取决于服务
部门的雇员人数。研究发现,经济合作与发展组织国家服务业的
二氧化碳排放量在 20 世纪 70 年代前期到 90 年代中期大幅增长
的主要原因是服务业 GDP 以及建筑面积的增长(Krackeler,
1998)。一项对中国的研究表明,由于服务业建筑空间的急剧扩
大,服务业的能源消耗和二氧化碳排放显著增加。文章以中国大

陆 31 个省份为研究对象估计了六个服务业部门的建筑面积和能源需求以及二氧化碳减排潜力,结果表明,服务业的楼面面积增加主要源于写字楼,服务业 GDP 比重较小地区的减排潜力较大(Rui 等,2018)。需要说明的是,从建筑耗能角度分析服务业的能源环境影响主要是由于不含交通的服务业和商业的范围较为接近,商业属于服务业中的一个产业部门。通过估计商用建筑物的楼面面积或者建筑物中各种耗能设备的能源消费量就能评估服务业(不含交通)的能源环境影响。

也有文献强调要提高对服务业能源效率提升的重视程度。对 18 个经济合作与发展组织国家在 1980—2005 年 23 个服务行业能源强度变化的研究表明,尽管产业结构服务化有助于降低全国平均能源强度,但如果服务业更加重视服务业能源效率的提升,对能源强度下降的促进作用会更明显(Mulder,2014)。从这 18 个经济合作与发展组织国家来看,在 1980—2005 年服务业增加值比重呈缓慢上升态势,但能源消费比重却上升较快,特别是日本的能源消费占比增长 25%。除日本外的其他国家的服务业能源强度都呈缓慢下降趋势。日本是个例外,在这期间其服务业能源强度一直在较快上升。此外,服务业能源强度的下降速度比制造业慢很多。

近年来随着数据包络分析的普及,一些研究开始着眼于服务业的能源环境效率(Fang 等,2013)。此外,一些研究开始采用两阶段分析方法,在第一阶段用数据包络分析技术分别测算了服务业各子行业的能源效率和生态效率,在第二阶段用面板数据模型对其影响因素进了回归分析(Martínez 和 Silveira,2012;Martínez,2013)。中国经济发展过程中的效率问题也逐渐引起学者们的关注,有研究使用基于经济投入产出的前沿方法评估了包含三个服务业部门在内的中国 26 个经济部门的生态效率(Xing 等,2018),或利用超效率基于松弛变量的方法模型评估了中国 31 个行业的能源环境效率(Xiao 等,2018)。此外,作为服务业中的一个能源密集型的行业,交通运输业的能源和环境问题也引起了很多关注(Cui 和 Li,2015)。

总的来看,上述关于服务业效率评估的研究主要集中在能源和环境效率上,本书第六章进一步研究了中国服务业的综合效率,构建了一个包含了能源效率和环境效率在内的每个投入和产出变量效率表现的综合效率指标。

第三节　经济、能源、环境效应的综合效率测算

一、能源效率

能源是经济社会中生产活动过程中必不可少的一种投入要素,能源效率可以衡量其利用效率,包括能源投入的经济效率和技术效率。提高能源效率是节能减排的重要途径之一。

对能源效率的测度大体可以分为两类:一种是单要素能源效率,另一种是全要素能源效率,分别衡量能源经济效率和能源技术效率。针对单要素能源效率的研究一般是通过适当的方法对能源效率指标进行因素分解研究。针对全要素能源效率的研究一般通过数据包络分析或随机前沿分析(Stochastic Frontier Approach,SFA)研究某个国家或地区各行业间能源效率的差异,或某一行业各地区之间的效率差异。

两种能源效率指标各有利弊。单要素能源效率的评价简单且具体,但没有考虑到能源与其他要素的替代性。全要素能源效率的好处是便于对行业或地区间的效率表现进行评价及比较,但其测算出来的效率值是个相对值,只能用于相互比较而没有实际意义,并且无法探究造成各决策单元之间效率差异的内部原因,无法在更深的层面上分析如何改进并提高效率。

(一)单要素能源效率

单要素能源效率通常用单位 GDP 能耗这一宏观指标,称为能源强度,其衡量的是能源经济效率。能源强度越低意味着能源效率越高。有些文献把单位 GDP 能耗的倒数定义为能源生产率。能源强度和能源生产率的一点区别是前者包括居民生活能耗,后者一般不包括居民生活能耗。由于中国居民生活能耗占比较小,因此二者差异不大。

在行业能源利用综合效率的评价中,能源强度是最常用的指标之一。能源强度通常指单位 GDP 消耗的能源,由于能够简单直观地反映发展过程中所付出的能源成本,因此往往被选为研究对象并对其进行分解研究(Wang 等,2017;Zhou 等,2018)。事实上,由于数据获取比较简单且结果较为直观,能源强度往往也被选为政府部门的一些政策目标。2016 年 12 月,国家发改委和国家能源局在《能源发展"十三五"规划》中提出,到 2020 年要实现能源强度比 2015 年下降 15% 的发展目标。

指标分解主要有结构分解法和指数分解法两种。在对二氧化碳排放变化的研究中,结构分解法的应用较为广泛,其中有关能源强度变化的研究中后者应用较为广泛(Ang,1994;Ang,1995)。通过指数分解法,能源强度的变动往往可以通过能源结构和能源强度等方面的变动进行解释。与此同时,作为一种经济核算方法,指数分解法可以非常直观地对各个解释因子进行定义,具备简单和数据易得的优点。

现有的指数分解方法可以分为拉氏指数分解法和迪氏指数分解法两种,其中后者弥补了前者不完全性的缺点,因此应用较为广泛,并且经过多年发展已经较为完善。迪氏分解法中目前以对数平均迪氏分解法为主,具有时间及因素可逆、聚合性以及零值稳健等特点(Ang,2005)。

除了结构分解和指数分解之外,还有一种基于生产理论的分解法也可以用来解释能源强度变动(Wang,2007)。一方面,这种基于产出距离函数的分解方法能够用技术进步和技术效率变化以及包含要素间替代效应和产出结构变动来解释能源强度变动,因此政策含义更强。另一方面,生产理论分解法可能会无法有效识别产出结构效应和能源结构效应变动。因此,生产理论分解法不适用于包含产业结构效应和能源消费结构效应的测度。

为了克服指数分解法和生产理论分解法各自的缺陷并利其各自的优点,有研究将二者结合到一个模型中,对 2003—2010 年中国整体能源强度变化以及三大产业部门的能源强度变化进行了因素分解分析(Lin 和 Du,2014)。

综上,各种指标分解方法都各有利弊,需要根据研究对象和研究目的选择恰当的分解方法。本书第四章综合了指数分解法和生产理论分解法两种分解方法对中国服务业能源强度的变化进行了较为全面的分解分析。

(二)全要素能源效率

全要素能源效率一般定义为目标能源消费量与实际能源消费量的比重。其中,目标能源消费量是指最优可行的能源投入量,即在特定生产条件下可以达到的最小的能源投入量。全要素能源效率(Tofal Facfor Energy Efficrency,TFEE)是指能源在与资本、劳动、原材料等其他生产要素共同参与生产过程中的利用效率,是以要素间的可替代性为基础的一种要素配置效率(魏一鸣和廖华,2010)。由于其大多是基于非参数数据包络分析测算决策单元与技术前沿面的差距,因此衡量的是能源技术效率。

全要素能源效率(TFEE)源于全要素生产率的微观经济理论,它不仅可以准确地考虑投入要素之间的替代效应,还可以反映一个地区某种生产要素结构下能源的总体利用水平。在全要素能源效率分析中,如何界定效率前沿面是关键,随机前沿分析和数据包络分析方法是两种主要分析方法。随机前沿分析是参数估计方法,并且通过最大似然估计来估计参数。数据包络分析是一种用于非参数估计的线性规划方法。与随机前沿分析相比,数据包络分析的最大优势在于它不需要假设技术前沿面的函数形式,因此近年来发展迅速。

胡和王(Hu 和 Wang,2006)尝试使用数据包络分析来计算中国的全要素能源效率,并对不同地区进行了比较。能源是经济增长最重要的投入要素之一,在其使用过程中也会导致大量非合意产出,如二氧化碳排放、废气和废水,以及固体废弃物等。在测算全要素能源效率时,同时考虑合意产出与非合意产出更为合理。二氧化碳、二氧化硫和化学需氧量(COD)是能源效率分析中最常用的非合意产出。托恩(Tone,2001)考虑松弛变量首先提出了基于松弛变量的方法。周鹏等(2006)在基于松弛变量的方法上考虑了非合意产出。李和胡(Li 和 Hu,2012)结合了共同边界数据包络分析方法和考虑非合意产出的基于松弛变量的方法模型测算了中国 30 个地区的生态全要素能源效率(ETFEE)。张宁等(2015)在此基础上结合共同前沿方法进一步发展为一种基于松弛变量的共同前沿方法,测算了考虑区域异质性的中国生态全要素能源效率。表 3-1 显示了以数据包络分析为基础发展的上述主要方法及能效指标的关系和发展过程。

表 3-1　全要素能源效率测算方法及指标的关系和发展过程

序号	方法	全要素能源效率指标	改进
1	数据包络分析 (DEA)	全要素能源效率 (TFEE)	—
2	基于松弛变量的方法 (SBM)	生态全要素能源效率 (ETFEE)	在全要素能源效率基础上考虑了非合意产出
3	基于松弛变量的共同前沿方法 (MSBM)	共同前沿生态全要素能源效率 (METFEE)	在生态全要素能源效率基础上考虑了群组异质性

还有其他能源效率测算方法。魏一鸣等(2007)使用基于数据包络分析的曼奎斯特指数分解法来研究中国钢铁行业的能源效率。周鹏等(2012)提出了非径向方向距离函数方法来模拟能源和二氧化碳排放的绩效。张宁等(2013)扩展为一个共同前沿非径向方向距离函数方法来衡量发电行业的能源效率和技术差距。非径向方向距离函数克服了传统的方向距离函数的一些缺点,但仍需假定方向向量和权重向量。

二、综合效率

在全要素分析框架下,不仅能测算全要素能源效率,还能测算其他投入要素以及产出要素的运行效率。综合效率可以被定义为每个投入产出变量的平均效率,不仅能衡量各个投入与产出变量的使用效率而且能衡量变量间互相协调的综合利用效率(Sueyoshi 和 Goto,2011)。综合效率是在全要素框架下测算的,故也可称之为全要素综合效率。

通过平衡投入和产出,可以评估和改善某个地区、行业或者企业的运营效率。将投入变量分为能源投入和非能源投入,通过分离投入变量,不仅可以评估运行效率,还可以评估能源效率(Zhou 和 Ang,2008)。随着对环境问题的关注,一些研究开始强调将产出变量分合意产出和非合意产出的重要性,通过产出变量分离还可以评估环境效率(Färe 等,2004、2005)。将投入变量分离和产出变量分离相结合,还可以把包括运行效率、能源效率和环境效率在内的所有类型的效率统一并称为"综合效率"(Sueyoshi 和 Goto,2011)。在此基础上有研究进一步将综合效率定义为每个投入产出变量的平均效率,并分析了规模控制政策对中国化石燃料发电的综合效率和环境(能源和碳排放)效率的影响(Zhang 等,2014)。本书第六章分析了中国服务业内部结构对综合效率的影响,进而对以往的研究进行拓展。

距离函数(DF)可以同时考虑合意产出与非合意产出,因此被广泛应用于全要素能源和环境绩效(生产率或效率)的测算。距离函数主要有两种类型:谢泼德距离函数(Shephard Distance Function,SDF)和方向距离函数。谢泼德距离函数假设合意产出和非合意产出同时等比例增加或减少。此后,有研究提出了一种方向距离函数模型,其优点是,在技术可行集内能够实现增加合意产出的同时减少非合意产出(Chung 等,1997)。但方向距离函数的基本假设,即合意产出的增加与投入和非合意产出的减少需成比例也存在缺陷。首先,方向距离函数无法提出非效率因素,因此可能会高估效率水平(Fukuyama 和 Weber,2009)。其次,方向距离函数无法评估单个变量的绩效,例如能源效率。之后的学者通过加入松弛变量到效率测算模型中将方向距离函数扩展为非径向方向距离函数(Zhou 等,2012)。为了使不同年份的效率测算结果之间可比,林伯强和杜克锐(2015)将 Zhang 等(2014)的非径向方向距离函数模型改进为全局非径向方向距离函数。有研究对1997—2013 年使用方向距离函数和非径向方向距离函数方法的文献进行了综述,发现大约48.6%的研究集中在各个国家的不同行业,包括制造业(18.6%)、发电行业(15.7%)、交通运输业(8.6%)和农业(5.7%)(Zhang 和 Choi,2014)。现有的文献尚未将非径向方向距离函数方法应用于服务业的绩效评估(生产率或效率),本书第六章在此方面做了补充。

第四章　中国服务业能源强度
变动的因素分解分析

　　本章和下一章将分别从单要素能源效率和全要素能源效率两个角度对中国服务业的能源效率进行研究,试图综合利用两个指标各自的优点,并克服两个指标各自的缺点,以对服务业的能源效率进行一个较为全面的分析。

　　本章主要探讨中国服务业单要素能源效率的影响因素,并选用能源强度作为单要素能源效率的评价指标。尽管用能源强度来衡量能源效率无法体现要素间的替代性,但本章通过在通常采用的指数分解法的基础上叠加利用生产理论分解法,不仅能够充分考虑各种投入要素间的替代性以及能源品种间的替代性,并且可以对各种替代效应对能源强度的影响进行量化和对比分析。与此同时,单要素能源效率指标具有全要素能源效率所不具备的优点,比如国际通用容易比较、便于计算等。因此,首先从单要素能源效率角度来分析中国服务业能源效率的影响因素是很有必要的。

　　本章所采用的指数分解法和生产理论分解法相结合的综合分解框架主要如下所示:首先,使用指数分解法对中国服务业整体能源强度变化进行因素分解,试图通过产业结构变动、能源结构变动以及各细分行业的能源强度变动来解释服务业整体能源强度变动。但是,指数分解法的分解结果无法解释各细分行业能源强度变化的原因,而由于服务业不但包含交通运输、仓储和邮政业等传统服务业,还包括金融业、计算机服务和软件等现代服务业,各行业异质性较大,且受经济发展水平和产业结构政策的影响,中国各地区服务业发展区域差异较为显著。因此,在此前的基础上,进一步使用生产理论分解法对各细分行业能源强度的变化驱动因素进行分析,探究生产理论层面包括技术层面和要素替代层面因素的影响,进而对降低中国服务业的能源强度、提高服务业能源效率提出有针对性的建议。

本章的主要贡献有:首先,构建了中国服务业各子行业分品种能源消费、资本存量、劳动投入及产出数据,从而能够对服务业单要素能源效率进行更加深入的分析;其次,指数分解法和生产理论分解法相结合的分解框架弥补了以往研究只选取其中一种方法的不足,不但可以从生产理论层面对能源强度的变动提供解释,同时也可以从产业结构效应和能源结构效应方面对能源强度的变动进行说明,使得本书得到的分解结果具有更多的政策含义。

第一节　因素分解模型和数据来源

本章参考林伯强和杜克锐(2014)的方法,首先使用指数分解法中应用较为广泛的对数平均迪氏分解法模型,对中国服务业整体能源强度变动进行因素分解;第二步使用生产理论分解法对各细分行业能源强度变动进行进一步分解。

一、指数分解法模型

根据定义,能源强度可以表示为:

$$EI_t^m = \sum_{i=1}^{I} \sum_{j=1}^{J} \frac{E_{ij,t}^m}{Y_t^m} = \sum_{i=1}^{I} \sum_{j=1}^{J} \frac{E_{ij,t}^m}{Y_{i,t}^m} \frac{Y_{i,t}^m}{Y_t^m} \frac{E_{i,t}^m}{Y_{i,t}^m} = \sum_{i=1}^{I} \sum_{j=1}^{J} ES_{ij,t}^m \cdot IS_{i,t}^m \cdot$$

$$EI_{i,t}^m \tag{4-1}$$

其中,E、Y 和 EI 分别表示能源消费、总产出和能源强度;m 表示不同的地区,i 表示不同的服务业子行业,j 表示不同的能源消费品种;ES 表示能源消费结构,IS 表示某服务业子行业产值占服务业总产值的比重。

根据乘法形式的对数平均迪氏分解法分解,各地区能源强度变化可以被分解为以下三个因素:

$$D_{tot}^m = \frac{EI_t^m}{EI_0^m} = D_{ES}^m \times D_{IS}^m \times D_{SEI}^m = \exp\left(\sum_{i=1}^{I} \sum_{j=1}^{J} \frac{L\left(\frac{E_{ij,t}^m}{Y_t^m}, \frac{E_{ij,0}^m}{Y_0^m}\right)}{L(EI_t^m, EI_0^m)} \ln \frac{ES_{ij,t}^m}{ES_{ij,0}^m} \right) \times$$

$$\exp\left(\sum_{i=1}^{I} \sum_{j=1}^{J} \frac{L\left(\frac{E_{ij,t}^m}{Y_t^m}, \frac{E_{ij,0}^m}{Y_0^m}\right)}{L(EI_t^m, EI_0^m)} \ln \frac{IS_{i,t}^m}{IS_{i,0}^m} \right) \times$$

$$\exp\left(\sum_{i=1}^{I} \sum_{j=1}^{J} \frac{L\left(\frac{E_{ij,t}^m}{Y_t^m}, \frac{E_{ij,0}^m}{Y_0^m}\right)}{L(EI_t^m, EI_0^m)} \ln \frac{EI_{i,t}^m}{EI_{i,0}^m} \right) \tag{4-2}$$

其中,$L(\cdot, \cdot)$ 为权数,定义为:

$$L(a, b) = \begin{cases} \dfrac{a-b}{\ln a - \ln b}, & a \neq b \\ a, & a = b \end{cases} \tag{4-3}$$

根据式(4-2)可以得到,使用乘法形式的对数平均迪氏分解法可以将某地区服务业能源强度的变动分解为能源消费结构效应(D_{ES}^{m})、服务业内部结构效应(D_{IS}^{m}),以及各服务业子行业的能源强度效应(D_{SEI}^{m})。能源结构效应反映了服务业生产过程中能源结构的变动,一般而言,随着能源结构的清洁化和高效化转型,能源结构效应会对能源强度下降产生较为明显的促进作用。服务业内部结构效应是指服务业内部结构变动对服务业整体能源强度的影响。由于服务业内部子行业众多,既包含能源密集属性的交通运输、仓储邮政业,也包含能源强度相对较低的金融业和文化产业等,因此服务业内部结构变动也会对服务业整体能源强度有一定的影响。各服务业子行业的能源强度效应是指各子行业能源强度变动对服务业整体能源强度的影响。使用对数平均迪氏分解法能够较好地测度能源消费结构变动和服务业内部结构变动对服务业整体能源强度变动的影响,但无法进一步解释各服务业子行业能源强度变动的原因,因此需要生产理论分解法模型进一步探究各子行业能源强度变动的原因。

二、生产理论分解法模型

在谢泼德产出距离函数的基础上,使用数据包络分析方法可以把各服务业子行业能源强度的变动进一步分解。定义中国服务业生产技术集合如下:

$$S_{i,t} = \{(K_{i,t},L_{i,t},E_{i,t},Y_{i,t}) : (K_{i,t},L_{i,t},E_{i,t}) \text{ 可以生产} Y_{i,t}\} \quad (4-4)$$

其中,K、L 和 E 分别表示生产过程所需要的资本、劳动和能源三种投入要素。由于各服务业子行业的生产过程有着不同的技术特征,因此不同子行业被视为不同的决策单元(DMU)。根据定义,t 时期的产出距离函数可以表示为:

$$D_{i,t}^m(K_{i,t}^m, L_{i,t}^m, E_{i,t}^m, Y_{i,t}^m) = inf\{\theta:(K_{i,t}^m, L_{i,t}^m, E_{i,t}^m, Y_{i,t}^m/\theta) \cdot S_{i,t}\}$$

$$(4-5)$$

产出距离函数的倒数能够测度在特定的生产技术和投入要素下产出的最大扩张比例。产出距离函数值等于 1 时意味着各投入要素得到了充分的利用,当前的技术是有效的,产出距离函数值越小,说明技术效率值越低。

进一步地,以 t 时期的技术为标准,地区 m 的子行业 i 在时期 t 的能源强度变化可以被分解为:

$$\frac{EI_{i,t}^m}{EI_{i,0}^m} = \frac{D_{i,0}^m(K_{i,0}^m, L_{i,0}^m, E_{i,0}^m, Y_{i,0}^m)}{D_{i,t}^m(K_{i,t}^m, L_{i,t}^m, E_{i,t}^m, Y_{i,t}^m)} \times \frac{D_{i,t}^m(K_{i,t}^m, L_{i,t}^m, E_{i,t}^m, Y_{i,t}^m)}{D_{i,0}^m(K_{i,0}^m, L_{i,0}^m, E_{i,0}^m, Y_{i,0}^m)} \times$$

$$\left[\frac{D_{i,t}^m(k_{i,t}^m, l_{i,t}^m, 1, 1)}{D_{i,t}^m(k_{i,0}^m, l_{i,t}^m, 1, 1)} \times \frac{D_{i,t}^m(k_{i,t}^m, l_{i,0}^m, 1, 1)}{D_{i,t}^m(k_{i,0}^m, l_{i,0}^m, 1, 1)}\right]^{0.5} \times$$

$$\left[\frac{D_{i,t}^m(k_{i,t}^m, l_{i,t}^m, 1, 1)}{D_{i,t}^m(k_{i,t}^m, l_{i,0}^m, 1, 1)} \times \frac{D_{i,t}^m(k_{i,0}^m, l_{i,t}^m, 1, 1)}{D_{i,t}^m(k_{i,0}^m, l_{i,0}^m, 1, 1)}\right]^{0.5} =$$

$$TEC_i^m \times TC_i^m(0) \times KE_{i,t}^m \times LE_{i,t}^m \qquad (4-6)$$

其中, $k = K/E$, $l = L/E$ 。

与此同时,以基期的技术为标准,地区 m 的子行业 i 在时期 t 的能源强度变化可以被分解为:

$$\frac{EI_{i,t}^m}{EI_{i,0}^m} = \frac{D_{i,0}^m(K_{i,0}^m, L_{i,0}^m, E_{i,0}^m, Y_{i,0}^m)}{D_{i,t}^m(K_{i,t}^m, L_{i,t}^m, E_{i,t}^m, Y_{i,t}^m)} \times \frac{D_{i,t}^m(K_{i,t}^m, L_{i,t}^m, E_{i,t}^m, Y_{i,t}^m)}{D_{i,0}^m(K_{i,0}^m, L_{i,0}^m, E_{i,0}^m, Y_{i,0}^m)} \times$$

$$\left[\frac{D_{i,0}^m(k_{i,t}^m, l_{i,0}^m, 1, 1)}{D_{i,0}^m(k_{i,0}^m, l_{i,0}^m, 1, 1)} \times \frac{D_{i,0}^m(k_{i,t}^m, l_{i,t}^m, 1, 1)}{D_{i,0}^m(k_{i,0}^m, l_{i,t}^m, 1, 1)}\right]^{0.5} \times$$

$$\left[\frac{D_{i,0}^m(k_{i,0}^m, l_{i,t}^m, 1, 1)}{D_{i,0}^m(k_{i,0}^m, l_{i,0}^m, 1, 1)} \times \frac{D_{i,0}^m(k_{i,t}^m, l_{i,t}^m, 1, 1)}{D_{i,0}^m(k_{i,t}^m, l_{i,0}^m, 1, 1)}\right]^{0.5} =$$

$$TEC_i^m \times TC_i^m(t) \times KE_{i,0}^m \times LE_{i,0}^m \qquad (4-7)$$

为避免不同时期的技术标准导致分解结果不一致,本书将式(4-6)和式(4-7)的分解结果取几何平均值,结果如下:

$$\frac{EI_{i,t}^m}{EI_{i,0}^m} = TEC_i^m \times [TC_i^m(t) \times TC_i^m(0)]^{0.5} \times (KE_{i,0}^m \times KE_{i,t}^m)^{0.5} \times$$

$$(LE_{i,0}^m \times LE_{i,t}^m)^{0.5}$$

$$= TEC_i^m \times TC_i^m \times KE_i^m \times LE_i^m \tag{4-8}$$

从数据包络分析方法中效率的定义可以发现,分解结果中的 TEC 和 TC 分别表示各决策单元对前沿面的追赶以及前沿面的移动对能源强度变动的影响,其中对前沿面的追赶可以被定义为技术效率的提升,前沿面的移动则可以被定义为技术进步,因此 TEC 和 TC 分别表示技术效率效应和技术进步效应。KE 和 LE 分别表示资本和劳动对能源的替代效应导致的能源强度变动的影响,因此分别被定义为资本替代效应和能源替代效应。

将式(4-2)中定义的能源强度变动应用到式(4-8),可以将各服务业子行业的能源强度分解为技术效率效应、技术进步效应、资本替代效应和劳动替代效应,推导过程如下所示:

$$D_{SEI}^m = \exp\left(\sum_{i=1}^{I} \sum_{j=1}^{J} \frac{L\left(\frac{E_{ij,t}^m}{Y_t^m}, \frac{E_{ij,0}^m}{Y_0^m}\right)}{L(EI_t^m, EI_0^m)} \ln \frac{EI_{i,t}^m}{EI_{i,0}^m}\right) =$$

$$\exp\left(\sum_{i=1}^{I} \sum_{j=1}^{J} \frac{L\left(\frac{E_{ij,t}^m}{Y_t^m}, \frac{E_{ij,0}^m}{Y_0^m}\right)}{L(EI_t^m, EI_0^m)} \ln(TEC_i^m \times TC_i^m \times KE_i^m \times LE_i^m)\right) =$$

$$\exp\left(\sum_{i=1}^{I} \sum_{j=1}^{J} \frac{L\left(\frac{E_{ij,t}^m}{Y_t^m}, \frac{E_{ij,0}^m}{Y_0^m}\right)}{L(EI_t^m, EI_0^m)} \ln TEC_i^m\right) +$$

$$\exp\left(\sum_{i=1}^{I}\sum_{j=1}^{J}\frac{L\left(\dfrac{E_{ij,t}^{m}}{Y_t^m},\dfrac{E_{ij,0}^{m}}{Y_0^m}\right)}{L(EI_t^m,EI_0^m)}\ln TC_i^m\right)+$$

$$\exp\left(\sum_{i=1}^{I}\sum_{j=1}^{J}\frac{L\left(\dfrac{E_{ij,t}^{m}}{Y_t^m},\dfrac{E_{ij,0}^{m}}{Y_0^m}\right)}{L(EI_t^m,EI_0^m)}\ln KE_i^m\right)+$$

$$\exp\left(\sum_{i=1}^{I}\sum_{j=1}^{J}\frac{L\left(\dfrac{E_{ij,t}^{m}}{Y_t^m},\dfrac{E_{ij,0}^{m}}{Y_0^m}\right)}{L(EI_t^m,EI_0^m)}\ln LE_i^m\right)=$$

$$D_{TEC}^m \times D_{TC}^m \times D_{KE}^m \times D_{LE}^m \tag{4-9}$$

将式(4-2)和式(4-9)相结合,即可得到结合服务业能源强度的综合分解结果,可以将一个地区服务业能源强度分解为能源结构因素、产业结构因素、技术效率因素、技术进步因素、资本替代因素以及劳动替代因素,即:

$$D_{tot}^m = D_{ES}^m \times D_{IS}^m \times D_{TEC}^m \times D_{TC}^m \times D_{KE}^m \times D_{LE}^m \tag{4-10}$$

三、全国和分区域能源强度分解

参考各地区服务业能源强度变动的分解过程,全国服务业的能源强度也可以做类似的分解。首先定义全国服务业能源强度 EI_t :

$$EI_t = \sum_{m=1}^{M}\sum_{i=1}^{I}\sum_{j=1}^{J}\frac{E_{ij,t}^m}{Y_t} = \sum_{m=1}^{M}\sum_{i=1}^{I}\sum_{j=1}^{J}\frac{E_{ij,t}^m}{E_{i,t}^m}\frac{E_{i,t}^m}{Y_{i,t}^m}\frac{Y_{i,t}^m}{Y_t^m}\frac{Y_t^m}{Y_t} =$$

$$\sum_{i=1}^{I}\sum_{j=1}^{J} ES_{ij,t}^m \times EI_{i,t}^m \times IS_{i,t}^m \times DS_t^m \tag{4-11}$$

其中, DS_t^m 表示 t 时期 m 地区服务业产出占比。参考式(4-6)、式(4-7)和式(4-9),可以将全国服务业能源强度变化分解为:

$$D_{tot}^m = \frac{EI_t}{EI_0} = \exp\left(\sum_{m=1}^{M}\sum_{i=1}^{I}\sum_{j=1}^{J}\frac{L\left(\frac{E_{ij,t}^m}{Y_t^m},\frac{E_{ij,0}^m}{Y_0^m}\right)}{L(EI_t^m,EI_0^m)}\ln\frac{ES_{ij,t}^m}{ES_{ij,0}^m}\right)\times$$

$$\exp\left(\sum_{m=1}^{M}\sum_{i=1}^{I}\sum_{j=1}^{J}\frac{L\left(\frac{E_{ij,t}^m}{Y_t^m},\frac{E_{ij,0}^m}{Y_0^m}\right)}{L(EI_t^m,EI_0^m)}\ln\frac{IS_{i,t}^m}{IS_{i,0}^m}\right)\times$$

$$\exp\left(\sum_{m=1}^{M}\sum_{i=1}^{I}\sum_{j=1}^{J}\frac{L\left(\frac{E_{ij,t}^m}{Y_t^m},\frac{E_{ij,0}^m}{Y_0^m}\right)}{L(EI_t^m,EI_0^m)}\ln\frac{DS_t^m}{DS_0^m}\right)\times$$

$$\exp\left(\sum_{m=1}^{M}\sum_{i=1}^{I}\sum_{j=1}^{J}\frac{L\left(\frac{E_{ij,t}^m}{Y_t^m},\frac{E_{ij,0}^m}{Y_0^m}\right)}{L(EI_t^m,EI_0^m)}\ln TEC_i^m\right)\times$$

$$\exp\left(\sum_{m=1}^{M}\sum_{i=1}^{I}\sum_{j=1}^{J}\frac{L\left(\frac{E_{ij,t}^m}{Y_t^m},\frac{E_{ij,0}^m}{Y_0^m}\right)}{L(EI_t^m,EI_0^m)}\ln TC_i^m\right)\times$$

$$\exp\left(\sum_{m=1}^{M}\sum_{i=1}^{I}\sum_{j=1}^{J}\frac{L\left(\frac{E_{ij,t}^m}{Y_t^m},\frac{E_{ij,0}^m}{Y_0^m}\right)}{L(EI_t^m,EI_0^m)}\ln KE_i^m\right)\times$$

$$\exp\left(\sum_{m=1}^{M}\sum_{i=1}^{I}\sum_{j=1}^{J}\frac{L\left(\frac{E_{ij,t}^m}{Y_t^m},\frac{E_{ij,0}^m}{Y_0^m}\right)}{L(EI_t^m,EI_0^m)}\ln LE_i^m\right)=$$

$$D_{ES}\times D_{IS}\times D_{DS}\times D_{TEC}\times D_{TC}\times D_{KE}\times D_{LE}$$

$$(4-12)$$

与各地区服务业能源强度变动的分解结果相比,全国服务业能源强度的分解中多了一个地区产出结构效应 D_{DS} ,用来表示服务业在各地区的分布结构对全国服务业能源强度的影响。类似地,也可以参考式(4-12),分别对东部、中部、西部地区服务业的能源强度进行研究。

四、数据来源和处理

根据能源统计数据中的行业分类,本章将各服务业子行业分成 3 个大类行业,分别是交通运输、仓储和邮政业,批发和零售、住宿和餐饮业,以及其他服务业。本章使用的数据包括:各省各子行业的煤炭、石油、天然气和电力消费量,各省各子行业的增加值、劳动投入和资本存量,其中增加值为实际值,通过各行业的增加值指数得到,中国服务业资本存量的估算方法详见林伯强和张广璐(2017)。本章的研究样本包括中国大陆除西藏外的 30 个省、自治区、直辖市。由于可获得的服务业分省分子行业的就业人数数据是从 2005 年开始的,故数据区间为 2005—2016 年。本章数据来自《中国第三产业统计年鉴》和 CEIC 中国经济数据库。

样本区间内,中国服务业的增加值从 2005 年的 77427.8 亿元[①]增长到 2016 年的 21902.9 亿元,年均增长 9.9%;一次能源消费从 2005 年的 3.6 亿吨标准煤增长到 2016 年的 7.5 亿吨标准煤,年均增长 7.0%。在这期间服务业能源强度从 2005 年的 0.47 吨标准煤/万元下降至 2016 年的 0.35 吨标准煤/万元,累计下降 25.6%。接下来使用前文提及的指数分解法同生产理论分解法相结合的方法,首先估计式(4-8)的各个分解成分,并在此基础上计算式(4-10)和式(4-12)中的各分解值,并从时间、地区以及行业三个层面,对中国服务业能源强度变化及其影响因素进行分析。

---

① 2005 年不变价,下同。

第二节 中国服务业整体能源强度变化及因素分解

为了便于全面分析中国服务业能源强度变化,本节将能源强度的变动因素逐年分解为结构调整效应、全要素生产率效应和要素替代效应三类效应,其中结构调整效应包括地区产出效应和产业结构效应,全要素生产率效应包括技术进步效应和技术效率效应,要素替代效应包括资本能源替代效应、劳动能源替代效应以及能源间的替代效应,并对每种因素对中国服务业能源强度变动的贡献进行探讨。其中,"能源强度变化"数值小于1,说明相比于上一年,本年度的能源强度有了一定程度的下降;反之则表示能源强度上升;各个效应的数值小于1,说明该效应对服务业能源强度下降有正向影响;反之则说明影响为负。

从表4-1的结果来看,除个别年份之外,整体上中国服务业的能源强度呈下降趋势。从2005年到2016年,中国服务业能源强度累计下降了25.6%,平均每年下降2.9%。

表4-1 2006—2016年中国服务业能源强度变化及其决定因素

年份	能源强度变化	结构调整效应		全要素生产率效应		要素替代效应		
		地区产出效应	产业结构效应	技术进步效应	技术效率效应	资本能源替代	劳动能源替代	能源间替代
2006	0.9564	0.9976	0.9819	0.8995	1.0714	1.0865	1.0070	0.9995
2007	0.9207	0.9995	0.9799	0.8731	1.0670	0.9320	0.9848	0.9997
2008	0.9632	1.0006	0.9841	0.9448	1.0921	0.9768	1.0132	0.9978
2009	0.9455	1.0107	0.9640	0.9746	1.0352	0.9599	1.0047	0.9986
2010	0.9976	0.9950	1.0019	0.9775	0.9868	0.9923	1.0093	0.9996

续表

年份	能源强度变化	结构调整效应		全要素生产率效应		要素替代效应		
		地区产出效应	产业结构效应	技术进步效应	技术效率效应	资本能源替代	劳动能源替代	能源间替代
2011	1.0170	1.0009	0.9979	0.9696	1.0808	0.9840	1.0472	0.9995
2012	1.0143	1.0034	0.9902	0.9984	1.0085	1.0533	1.0059	1.0000
2013	0.9874	1.0017	0.9920	0.9994	1.0047	0.9441	0.9617	1.0000
2014	0.9573	0.9997	0.9966	0.9904	1.0425	0.9525	1.0115	0.9994
2015	0.9834	0.9999	0.9825	0.9937	1.0096	0.9885	1.0191	1.0000
2016	0.9702	0.9943	0.9973	0.9938	0.9653	0.9763	0.9850	0.9993
累计	0.7443	1.0031	0.8752	0.6689	1.4188	0.8474	1.0479	0.9933
平均①	0.9709	1.0003	0.9868	0.9606	1.0356	0.9836	1.0047	0.9993

从能源强度变化的分解因素来看,技术进步效应是中国服务业能源强度下降最主要的影响因素,累计贡献了 33.1% 的能源强度下降份额,年均下降 4.9%,这说明中国服务业同其他行业类似(Lin 和 Du,2014;Lin 和 Tan,2018),技术进步在推动服务业能源强度下降方面起到了最重要的作用。资本同能源之间的替代效应的贡献仅次于技术进步效应,贡献了 15.3% 的能源强度下降份额,年均下降 1.6%。增加资本投入可以替代能源投入,进而降低中国服务业整体的能源强度。图 4-1 显示,在 2005—2016 年,中国服务业的资本能源比在不断上升,表明资本投入相较于能源投入力度更大,增长更快。对于服务业而言,资本投入的增加一方面可以促进更加高效节能技术的研发、应用和推广;另一方面也从侧面反映出服务业内部结构的调整,由能源资源密集型向资本密集型优化升级。

---

① 此处为几何平均值。

产业结构效应累计贡献了 12.5% 的能源强度下降份额,年均下降 1.3%,这主要是因为金融业、信息服务业等现代服务业所占比重不断增加,这些行业资本密集属性更强,且单位 GDP 能耗更低,对降低整体服务业的能源强度起到了正向的推动作用。2005—2016 年,中国服务业增加值占比从 41.3% 提高到 51.6%,提高的 10.3 个百分点主要是由交通运输、仓储邮政业和批发零售、住宿餐饮业以外的其他服务业的 GDP 增长拉动的。其中,其他服务业在全国 GDP 中的占比提高了约 9.8 个百分点,为推动经济结构服务业起到了重要作用。从另一个角度来看,这也可以说明服务业内部结构的低碳化转型也在一定程度上促进了服务业整体能源强度的下降。

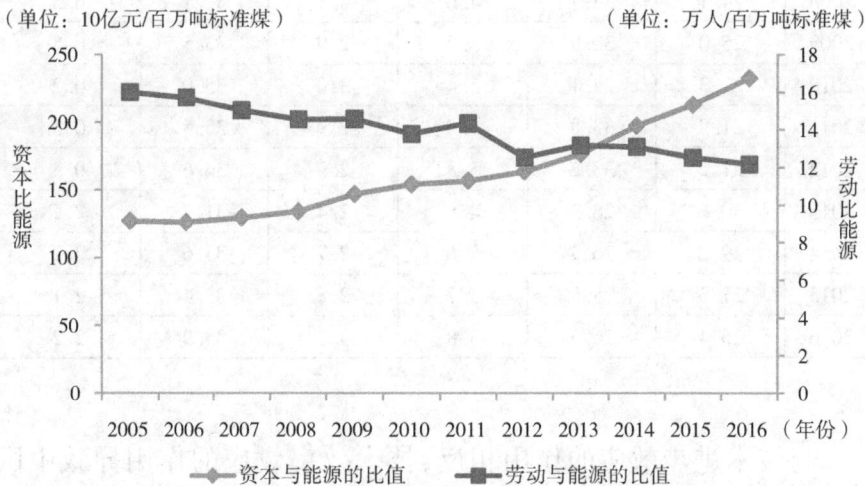

图 4-1　2005—2016 年中国服务业资本、劳动两种投入与能源投入的比值

各能源品种之间的替代效应也对中国服务业能源强度下降有一定的贡献,样本区间内累计贡献 0.7% 的能源强度下降份额。如表 4-2 所示,研究区间内中国服务业终端能源消费结构的变化

主要体现在油品占比的下降,以及煤炭和电力占比的上升。
2005—2016 年中国服务业终端能源消费结构由以油品为主逐渐
转变为以电力为主。不同能源品种的能源转换效率和终端利用效
率不同,因此终端能源消费结构的变化也会影响单位能耗的产出
水平。总的来说,研究区间内中国服务业终端能源消费过程中能
源品种间的替代有利于服务业能源强度的降低。

表 4-2 2005—2016 年中国服务业终端能源消费结构

年份	煤炭(%)	油品(%)	天然气(%)	热力(%)	电力(%)	其他能源(%)
2005	14.3	49.8	3.0	2.4	29.1	1.4
2006	13.3	47.8	3.6	2.8	31.1	1.3
2007	12.2	45.5	4.5	3.3	33.1	1.4
2008	24.1	35.7	4.6	3.1	32.1	0.5
2009	25.0	32.9	5.2	2.9	33.5	0.5
2010	22.3	34.1	5.4	3.0	35.0	0.2
2011	21.9	33.8	5.5	2.9	35.5	0.3
2012	21.2	33.2	5.8	2.9	36.6	0.3
2013	30.6	28.3	4.8	2.4	31.7	2.2
2014	29.2	26.7	5.6	2.7	33.6	2.2
2015	27.6	28.5	5.7	2.8	33.4	2.1
2016	26.4	26.5	5.8	3.3	35.9	2.2

与技术进步效应的作用相反,技术效率效应的作用导致中国
服务业能源强度未能呈现更为显著的下降趋势。技术效率效应的
含义是各决策单元与前沿面存在一定距离,即在给定的生产条件
下,各地区服务业的投入产出并未达到最优水平,存在技术无效
率,进而会对能源强度下降有负向的影响。林和杜(Lin 和 Du,
2014)认为,技术效率效应值大于 1,即技术效率下降进而推动能

源强度上升的情况发生在中国大多数省份,这主要是因为当前中国大部分地区仍采取粗放型的发展模式,导致资源并未得到高效利用。另外,技术效率效应衡量的是对最优生产边界的追赶,即随着时间推移,技术进步使最优生产边界不断延伸,技术效率效应就是与最优生产边界的距离增大还是减小。技术效率的负向效应也意味着中国服务业在区域间的资源配置效率在逐渐拉大。第五章和第六章的结果都印证了这一点,即中国服务业的全要素能源效率和综合效率在各区域间的差距都在不断加大。另外也有观点认为,技术效率下降是中国要素市场存在扭曲、要素价格被低估的必然结果(林伯强和杜克瑞,2013),这种情况同样适用于中国服务业。

除此之外,劳动能源替代效应也推动了中国服务业能源强度上升,累计贡献了 4.8% 的能源强度上升份额,年均贡献 0.5%。进入 21 世纪以后,劳动人口增长放缓并且用工成本不断增加,机器人等自动化设备的普及也在加速对人力劳动的替代。机器设备的普及伴随着能源消费量迅速上升,与此同时服务业生产经营过程中劳动能源比也在不断下降(见图 4-1)。机器对人工的替代意味着能源对劳动的替代,进而导致同等条件下能源强度的上升。

第三节　各地区服务业能源强度变化及因素分解

对中国服务业整体能源强度变动进行逐年分解之后,本节进一步对各地区服务业能源强度变动因素进行分析。由于中国各地服务业发展水平差异较大,各地区服务业的内部结构、技术效率水平等也存在着较大的差异,因此分别对各地区进行研究是十分必要的。

从表4-3的结果可以看出,除辽宁、黑龙江和安徽等个别省份之外,样本区间内绝大多数地区的能源强度都有了不同程度的下降。从分区域的结果来看,东部地区的能源强度下降最多,从2005年的0.42吨标准煤/万元下降至2016年的0.29吨标准煤/万元,累计下降了31.2%,平均每年下降3.3%;其次是西部地区,从0.61吨标准煤/万元下降至0.45吨标准煤/万元,累计下降了27.1%,平均每年下降2.8%;中部地区能源强度下降的最少,从0.46吨标准煤/万元下降至0.40吨标准煤/万元,累计下降了13.0%,平均每年下降1.3%。

表4-3 2005—2016年中国各地区服务业能源强度变化及其决定因素

区域	能源强度变化	地区产出效应	产业结构效应	技术进步效应	技术效率效应	资本能源替代	劳动能源替代	能源间替代
北京	0.6716	—	0.9396	0.7986	1.1723	0.8498	1.0198	0.9998
福建	0.7197	—	0.9747	0.5942	1.1984	0.9238	1.1482	0.9947
广东	0.7043	—	0.9588	0.7114	1.3180	0.8061	0.9948	0.9844
海南	0.8264	—	0.7610	0.6920	1.8203	0.7815	1.0991	0.9999
河北	0.8507	—	1.0010	0.6813	1.1820	0.7711	1.0400	0.9971
江苏	0.7159	—	0.8887	0.6772	1.2053	0.8670	0.9811	0.9888
辽宁	1.1728	—	0.8713	0.6261	1.4890	1.0480	1.3199	1.0044
山东	0.4620	—	0.7870	0.6512	1.2951	0.7044	1.0437	1.0032
上海	0.7143	—	0.7737	0.6387	1.5594	1.1238	0.9307	1.0000
天津	0.3825	—	0.8098	0.7031	1.1698	0.6910	0.9888	0.9939
浙江	0.8694	—	0.9724	0.5844	1.4200	1.0159	1.0240	0.9992
安徽	1.3383	—	0.7938	0.6614	2.0824	1.0750	1.1341	0.9926
黑龙江	1.0268	—	0.8417	0.6651	1.5474	1.1410	1.0812	0.9521
河南	0.9488	—	0.8147	0.6920	1.3227	1.0697	1.0381	0.9981

区域	能源强度变化	地区产出效应	产业结构效应	技术进步效应	技术效率效应	资本能源替代	劳动能源替代	能源间替代
湖北	0.7378	—	0.8809	0.6999	1.4219	0.7537	1.0443	0.9592
湖南	0.8102	—	0.9321	0.6668	1.7084	0.8082	1.1003	1.0014
江西	0.8579	—	0.7418	0.6829	1.4908	1.0106	1.0905	0.9987
吉林	0.6455	—	0.8959	0.7667	1.3189	0.6857	0.9618	0.9671
山西	0.8994	—	0.8234	0.7287	1.6901	0.8121	0.9544	0.9976
重庆	0.8551	—	0.8632	0.6582	1.4901	0.9267	1.1270	1.0005
甘肃	0.8912	—	0.6470	0.6944	1.8993	0.9129	1.0478	1.0017
广西	0.7856	—	1.0222	0.7111	1.5111	0.6911	1.0157	0.9958
贵州	0.8829	—	1.1136	0.7378	1.6444	0.5839	1.0837	0.9912
内蒙古	0.5218	—	0.8950	0.5643	1.1887	0.7975	1.2454	0.9948
宁夏	0.5757	—	0.9514	0.7032	1.3889	0.6627	0.8437	0.9891
青海	0.6889	—	0.9056	0.7361	2.2350	0.4768	1.0889	0.9910
陕西	0.4561	—	0.8269	0.6830	1.1135	0.8101	0.9198	0.9952
四川	0.8301	—	0.8926	0.6523	1.7713	0.8063	1.0630	1.0002
新疆	0.8723	—	1.0223	0.7208	1.5032	0.7988	1.0068	0.9996
云南	0.7826	—	0.6000	0.4973	2.1143	0.9377	1.1896	0.9999
东部	0.6883	0.9795	0.8826	0.6682	1.3317	0.8706	1.0337	0.9963
中部	0.8696	1.0028	0.8532	0.6943	1.5191	0.8830	1.0423	0.9818
西部	0.7309	1.0094	0.8818	0.6479	1.5268	0.7694	1.0868	0.9970

　　从不同因素对三个地区能源强度下降的贡献来看,东部的地区产出效应对能源强度下降有正向作用,中部和西部地区的地区产出效应贡献都为负,说明从能源强度下降的角度来看,东部地区服务业内部的各地区产出份额不断得到优化,这种现象加速了东部地区整体服务业能源强度的下降,但这一情况在中部和西部地区并不明显。总的来看,资本对能源的替代和技术进步是导致能源强度下降的最主要原因,其中后者在 24 个省、自治区、直辖市是能源强度下降的最大贡献者,在其他 6 个省、自治区、直辖市,资本

能源替代效应是能源强度下降的最大推动力量,且西部省份资本能源替代效应更为明显。从三大区域的角度来看,西部地区资本能源替代对能源强度下降的贡献达到了23.1%,远高于东部地区的12.9%和中部地区的11.7%,这可能是因为此前西部地区服务业发展水平较低,具有一定的后发优势,且近年来随着东中部地区不断进行产业升级,很多产业加速向西部地区转移,进而导致西部地区资本积累加速,特别是以前西部地区现代服务业占比较低,近年来随着经济发展水平的提高,现代服务业的比重也在不断增加。由于现代服务业资本密集的属性更强,因此西部地区资本对能源的替代作用也相对更加明显。

从表4-3可以看出,技术效率效应和劳动能源替代效应都阻碍了服务业能源强度进一步下降。从技术效率效应的分解结果来看,东部、中部和西部地区技术效率效应对能源强度增加的贡献分别是33.2%、51.9%和52.7%,西部地区的技术无效率情况最为严重。三个地区的劳动能源替代效应也有类似的情况,东部、中部和西部地区劳动能源替代效应对能源强度增加的贡献分别是3.4%、4.2%和8.7%,这主要是因为相比于东部地区,中西部地区的服务业发展水平较低,增加能源投入的边际成本较低,因此能源对劳动的替代作用更强。

图4-2更为直接地展现了各种因素对全国以及东部、中部和西部地区能源强度的贡献。其中各因素对能源强度贡献小于1说明该因素可以促进能源强度下降,大于1则说明该因素对抑制能源强度下降有负向影响,等于1则说明对能源强度变动无影响。从图中可以看出,不同因素对三个地区能源强度的贡献有着较为明显的区别,其中对所有地区而言,技术效率效应对抑制能源强度下降都有

着显著的负向作用,但中部和西部地区的作用更为明显,与此同时,西部地区劳动和能源之间的替代对抑制能源强度下降的作用也较东部和中部地区更为明显。此外,三个地区的资本和能源之间的替代都促进了所在地区能源强度下降,且西部地区的这一作用更加突出。技术进步效应和产业结构效应是促进所在地区能源强度下降的最主要因素,但这两个因素对能源强度下降的贡献在三个区域之间的差别相对较小。除此之外,三个地区能源间替代和地区产出效应对所在地区能源强度变化的影响也相对不明显。

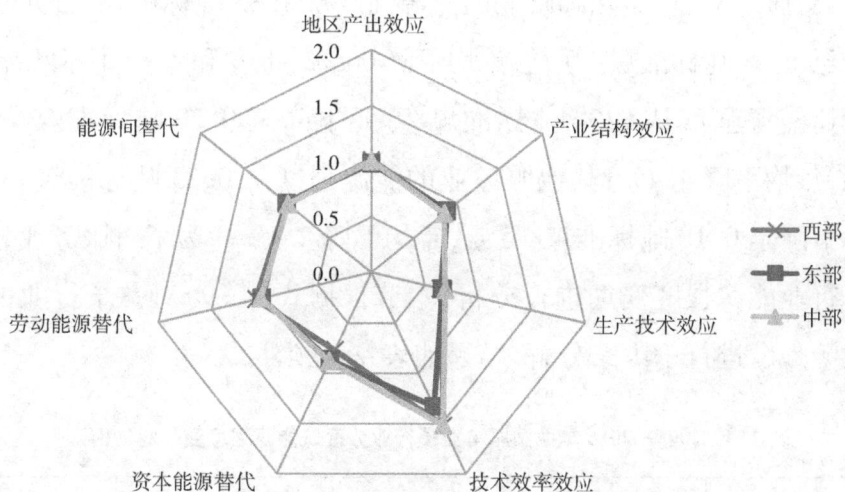

图4-2　2005—2016年中国各地区服务业能源强度变化及其影响因素

第四节　各子行业能源强度变化及因素分解

前文分别从时间和区域层面对中国服务业能源强度变动进行了分析,接下来将从服务业子行业层面对其能源强度变动进行探讨。服务业子行业众多,不仅涉及交通运输、批发零售等传统的服务业行业,还包含以信息服务业、金融业以及文化娱乐业等为代表的现代服务业。党的十九大报告提出了"加快发展现代服务业"的目标,由于现代服务业单位 GDP 能耗低,因此增加现代服务业的比重,改善服务业内部结构,对降低服务业能源强度有着重要影响。

不同服务业子行业之间的能源强度存在着显著差别,且由于行业性质的不同,能源强度变化的速度也不尽相同。2005—2016年,交通运输、仓储和邮政业的能源强度从 1.85 吨标准煤/万元下降至 1.75 吨标准煤/万元,年均下降 0.5%;批发和零售、住宿和餐饮业能源强度从 0.34 吨标准煤/万元下降至 0.20 吨标准煤/万元,年均下降 4.4%;其他服务业的能源强度从 0.23 吨标准煤/万元下降至 0.18 吨标准煤/万元,年均下降 2.1%。为了对服务业各子行业能源强度变动进行分析,本节根据式(4-9)对各子行业的能源强度进行了因素分解,结果如表 4-4 所示。

表 4-4 2005—2016 年中国服务业子行业分区域能源强度变化驱动因素

子行业	地区	技术效率效应	技术进步效应	资本能源替代	劳动能源替代
交通运输、仓储和邮政业	东部	1.4826	0.6468	0.9154	1.1196
	中部	1.8351	0.7015	0.9906	1.0445
	西部	1.8015	0.6511	0.8188	1.1100
批发和零售、住宿和餐饮业	东部	1.2527	0.5314	1.0902	0.8751
	中部	1.2699	0.5040	0.9841	0.9739
	西部	1.3589	0.5282	1.1054	1.0211
其他服务业	东部	1.2527	0.7939	0.7844	1.0594
	中部	1.3964	0.8574	0.8078	1.1305
	西部	1.6154	0.8331	0.6463	1.0572

从表4-4可以看出,对三个子行业而言,技术效率效应都是阻碍能源强度降低的最主要因素,劳动能源替代效应也对能源强度下降有一定的阻碍作用,但相对较小;而技术进步效应是促进所有行业能源强度下降的最主要因素。资本能源替代效应对交通运输、仓储和邮政业以及其他服务业能源强度下降有显著的促进作用,但对不同地区批发和零售、住宿和餐饮业的影响不尽相同。一个可能的解释是,交通运输、仓储和邮政业以及包含现代服务业在内的其他服务业多为资本密集型和能源密集型产业,资本投入的增加往往意味着投入更多更加节能高效的设备,进而降低行业的能源强度。而批发和零售、住宿和餐饮业的劳动密集属性更强,因此受资本能源替代效应的影响相对较弱。

从行业层面来看,技术效率效应对交通运输、仓储和邮政业能源强度下降的负面影响最大,这说明相对其他两个子行业而言,交通运输、仓储和邮政业内部各地区的技术效率水平相比于最优水平差距较大,也因此在通过改进各地区技术效率水平进而提高能效降低能源强度方面存在很大的空间。对于交通运输、仓储和邮政业以及其他服务业,资本投入增加都在一定程度上降低了行业的能源强度,表现为资本能源替代效应对能源强度降低的正向影响,同时能源投入对劳动的替代也都在一定程度上提高了行业的能源强度,表现为劳动能源替代效应对能源强度下降的负向影响。从图4-3中三个子行业的资本能源比和劳动能源比的变化趋势上可以发现,其他服务业的要素替代最为明显,表现为资本能源比的显著上升趋势和劳动能源比的显著下降趋势,表明其他服务业的发展越来越依靠资本的投入,能源和劳动尤其是劳动投入比例不断缩小。

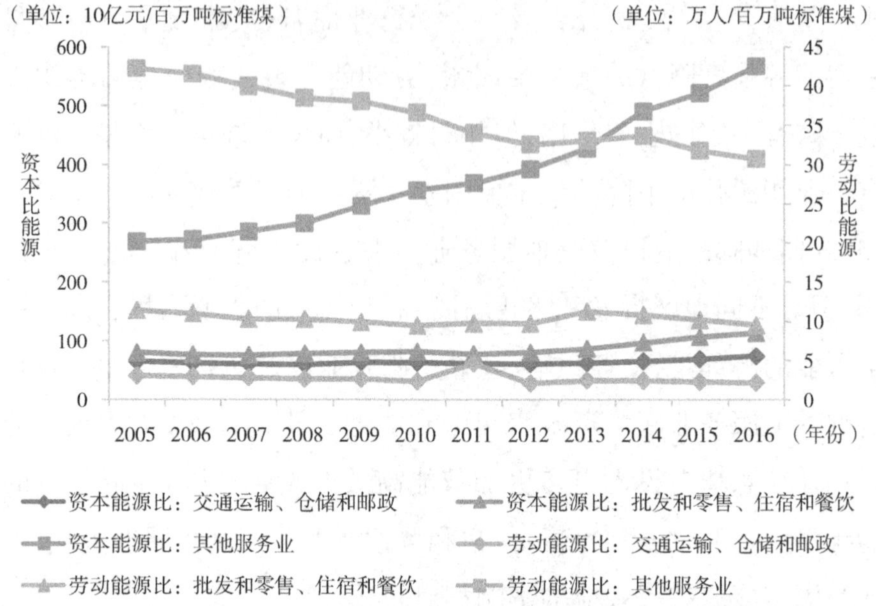

（单位：10亿元/百万吨标准煤）　　　　　　　（单位：万人/百万吨标准煤）

图4-3　2005—2016年中国服务业三个子行业资本、劳动投入与能源投入的比值

在地区层面上,从技术效率差异对能源强度下降的阻碍作用来看,所有子行业东部地区受到的影响都要小于中部和西部地区,说明东部地区的省份存在的技术无效率最弱,而中部和西部省份同东部省份在技术差异上的空间仍较为明显。从技术进步效应对能源强度下降的影响来看,所有子行业中同样是东部地区受到的促进作用更为明显,说明中西部地区的生产技术存在一定的进步空间。

第五节　各地区对中国服务业能源强度变化的贡献度

对式(4-12)两边取对数即可得到各地区对全国总能源强度变化的贡献值。结果表明,东部地区对中国服务业能源强度下降的贡献比重最大,达到了 70.13%。由于经济发展程度相对较高,东部地区也是中国服务业较为发达和能源消费较为集中的地区。从能源消费占比来看,东部地区服务业的能源消费占全国的一半左右①,东部地区能源强度下降对全国服务业能源强度下降和节能减排具有重要意义。这也反映了当前中国服务业的发展水平:东部地区经济发展水平和服务业发展水平都相对较高,因此有着更高的能源效率和技术水平;中西部地区的服务业发展水平相对较低,其技术水平相对较低,区域内部各省份之间的技术差异也阻碍了能源效率的进一步提升,但中西部地区具有后发优势,可以通过承接东部地区的产业转移来快速提高自身的能源效率水平。从具体的省份来看,对全国服务业能源强度下降贡献占比超过 5%的省份共有 7 个,分别是广东省(14.8%)、山东省(13.8%)、上海市(8.3%)、河北省(7.9%)、北京市(7.9%)、吉林省(5.5%)和江苏省(5.0%),其中,除吉林省以外的 6 个省份都位于东部地区。这些省份是服务业能源消费较为集中和能源强度下降较大的地区。其中,广东省、上海市、江苏省、山东省的服务业能源消费量在2016 年排在前四位,北京市和河北省分别排在第 8 位和第 12 位。吉林省的服务业能源消费量虽然较小,2016 年排在第 23 位,但其在 2005—2016 年服务业能源强度的下降比率排第 6 位。湖南、安徽、重庆和贵州四个地区对中国服务业能源强度下降的作用为负,一个可能的解释是尽管样本区间内这些省份的能源强度有了一定程度的下降,但这些省份服务业发展较快,其产出份额占比有所增加。由于这些省份的能源强度高于全国平均水平,因此给全国能

---

① 2016 年数据。

源强度下降带来了负向影响(王锋等,2013)。

总的来看,随着服务业在中国经济中的比重不断上升,其能源消费也在不断增加,服务业节能减排对全国节能减排工作顺利开展有着越发重要的意义。在以往研究的基础上,本章通过将指数分解法和生产理论分解方法相结合,构建了一个综合的分解框架,对中国服务业能源强度变化进行因素分解,并分别从时间、空间和行业三个层面对结果进行解释与讨论。虽然是针对单要素能源效率指标即能源强度的分析,但在分解过程中充分考虑了要素间的替代作用,因此本章是对影响服务业能源效率各个因素的一个较为全面的分析。本章的主要结论有以下几点:

(1)技术进步是中国服务业能源强度下降最重要的因素,贡献了能源强度下降总量的33.1%;此外,资本对能源的替代也是中国服务业能源强度下降的重要原因,累计推动能源强度下降15.3%,年均下降1.6%。(2)技术效率效应是阻碍中国服务业能源强度下降的最主要原因,能源对劳动的替代也在一定程度上阻碍了服务业整体能源强度的下降。(3)东部地区服务业能源强度下降最快,西部地区次之,中部地区最慢;从能源强度下降的影响因素来看,东部省份能源强度下降多来源于技术进步,中西部地区能源强度下降多来源于资本能源替代,且西部地区技术效率差异对能源强度下降的阻碍作用更为明显。(4)从行业层面上来看,资本对能源替代所带来的节能主要体现在交通运输、仓储和邮政业以及包含了现代服务业在内的其他服务业,而批发和零售、住宿和餐饮业的节能更多地来自技术进步。(5)东部省份对全国服务业能源强度下降的贡献最大,同时这些省份也是服务业能源消费较为集中地区。

根据本章的主要结论,可以得到以下政策启示:

首先,从本章的研究结果来看,技术进步是促进服务业能源强度下降的最主要因素,而各地区之间的技术效率差异是阻碍服务业能源强度下降的重要因素。在未来的发展过程中,一方面要看到技术进步在推动服务业能源强度下降中的重要作用;另一方面也应该重视各地区之间的效率差异,加强不同地区之间特别是发达地区和欠发达地区的产业技术交流与合作,实现各地区协调发展。

其次,资本能源之间的替代是服务业能源强度下降的重要影响因素。在一定程度上,同等产出所需的资本和能源可以相互替代,而资本投入的增加可以带来能源投入的下降,促进产业节能减排。但值得注意的是,资本能源替代对西部地区能源强度下降的作用要强于东部地区和中部地区。这部分是由于西部地区承接了大量东部地区的产业转移,且西部地区资本存量相对较低,西部地区资本增加具有更高的边际效应。因此,应继续加强对西部地区的投资力度,针对西部地区服务业发展的这一特点做到有的放矢。西部地区贵阳市大数据产业的良好发展可以发挥示范作用,促进欠发达地区服务业的创新型发展,不再单单依靠资源的开发利用。

此外,应进一步优化服务业内部结构。服务业包含众多子行业,其中既有交通运输、仓储和邮政业等传统服务业,也有金融业和信息服务业等现代服务业,从能源消费的角度来看,传统服务业的能源强度显著高于现代服务业。2016 年,交通运输、仓储和邮政业的能源强度为 1.75 吨标准煤/万元,而以现代服务业为主的其他服务业能源强度仅为 0.18 吨标准煤/万元,二者相差近 10倍。因此应进一步鼓励发展现代服务业,不断优化服务业内部结构,提高行业整体能源效率水平。

第五章 从区域异质性视角测算中国
服务业全要素能源效率

第四章从影响因素角度研究了中国服务业的能源强度即单要素能源效率的驱动因素,结果显示,技术进步是促进服务业能源效率提升的最主要因素。随着时间的推移,技术进步会使技术前沿面向前推移,技术可行集向前延伸和扩展。然而,中国辽阔的疆域使不同地区的发展条件和发展基础存在较大差异,区域间的地理、人文、经济、资源等环境存在异质性。本章从服务业区域异质性视角对中国服务业全要素能源效率表现、地区间的差异以及节能空间进行测算和分析,希望能对未来服务业发展和节能减排有所帮助。

本章参考张宁等(2015)基于松弛变量的共同前沿方法,测算了中国30个省份服务业的全要素能源效率。应用该方法的原因如下:第一,它同时考虑了区域异质性,非合意产出以及松弛变量;第二,运用此方法还可以分析区域间与能源效率相关的技术差距(TGEE);第三,此方法不需要预设权重向量或方向向量。

能源效率即实际能源投入和目标能源投入之间的差距。为了分析区域异质性,本章定义了两种生产技术:群组前沿技术和共同前沿技术,计算了两种生态全要素生产率,即群组前沿生态全要素能源效率(GETFEE)和共同前沿生态全要素能源效率(METFEE)。本章的全样本与上一章相同,是中国的 30 个省份,分为三个区域。每个地区代表一个群组。群组前沿意味着技术前沿面在同一组内是相同的,共同前沿意味着技术前沿面在整个样本内是相同的。通过共同前沿生态全要素能源效率的分解,可以评估中国服务业区域间与能源效率有关的技术差距,从而衡量由于群组限制而产生的两种技术之间的差异。根据能源效率的计算结果,还可以比较省际能源效率的改进空间。与张宁等(2015)不同,本章不仅估算了能源效率和技术差距,还估算了两种技术前沿下的节能空间。研究结果可以帮助政府制定更有针对性和更有效的中国服务业节能减排政策。

第一节　生态全要素能源效率模型

一、群组前沿下的生态全要素能源效率

考虑中国的 N 个省份,每个省份的服务业都使用 M 种投入要素 X ,共同生产 I 种合意产出 D 和 J 种非合意产出 U 。

假设共有 H 组并且表现出技术异质性,在组 h 中有 N_h 个省份, $N_1 + N_2 + \cdots + N_h = N$ 。不同组中的决策单元(DMU)在效率上不具有可比性,因为在另一组的技术假设下衡量一个决策单元的效率是不合理的。组 h 的群组前沿生产可能集为: $T_h = \{(X,D,U):X$ 可以生产 $(D,U)\}$, $h = 1,2,\cdots,H$,其中通常假设 T_h

满足生产理论的标准公理（Picazo-Tadeo 等，2005）。投入和合意产出通常被假设为强可处置性的。使用非参数数据包络分析分段线性生产前沿来构造 T_h。组 h 中 N_h 个省份服务业的群组前沿生产可能集可以表示如下：

$$T_h = \left\{ \begin{array}{l} (X,D,U) : \sum_{n=1}^{N_h} \beta_n X_{mn} \leqslant X_m, \\ m = 1,2,\cdots,M, \sum_{n=1}^{N_h} \beta_n D_{in} \leqslant D_i, i = 1,2,\cdots,I \\ \sum_{n=1\beta_n}^{N_h} U_{jn} \leqslant U_j, j = 1,2,\cdots,J, \beta_n \geqslant 0, n = 1,2,\cdots,N_h \end{array} \right\}$$

$$(5-1)$$

其中，β_n 是通过凸组合构造 T_h 的非负乘数，$\sum_{n=1}^{N_h} \beta_n = 1$。

通过添加松弛变量，式（5-2）可用来评估省份 n 在时间 t 的能源效率。另外，采用全局数据包络分析方法进行估计，可以有效解决不同年份之间的效率不可以直接比较的问题，因此省份 n 在时间 t 的服务业则为采用全局技术下的决策单元。

$$\theta_{nt}^* = \min \frac{1 - \dfrac{1}{M}\sum_{m=1}^{M} \dfrac{S_{m,nt}^X}{X_{m,nt}}}{1 + \dfrac{1}{I+J}\left(\sum_{i=1}^{I} \dfrac{S_{i,nt}^D}{D_{i,nt}} + \sum_{j=1}^{J} \dfrac{S_{j,nt}^U}{U_{j,nt}} \right)}$$

$$\text{s.t.} \sum_{t=1}^{T} \sum_{n=1}^{N_h} \beta_n X_{m,nt} = X_{m,nt} - S_{m,nt}^X$$

$$\sum_{t=1}^{T} \sum_{n=1}^{N_h} \beta_n D_{i,nt} = D_{i,nt} + S_{i,nt}^D$$

$$\sum_{t=1}^{T} \sum_{n=1}^{N_h} \beta_n U_{j,nt} = U_{j,nt} - S_{j,nt}^U$$

$$S_{m,nt}^X \geq 0, S_{i,nt}^D \geq 0, S_{j,nt}^U \geq 0, \beta_n \geq 0 \tag{5-2}$$

对于在时间 t 的省份 n 而言，$S_{m,nt}^X$ 指第 m 个投入变量的松弛变量(潜在节约量)；$S_{i,nt}^D$ 指第 i 个合意产出的松弛变量(潜在增加量)；$S_{j,nt}^U$ 指第 j 个非合意产出的松弛变量(潜在减少量)。式(5-2)是一个基于松弛变量的方法模型。如果 $\theta^* = 1$，即 $S^X = S^D = S^U = 0$，则认为此 DMU 是有效率的。

省份 n 在时间 t 的 GETFEE 可以定义如下：

$$GETFEE_{nt} = \frac{\text{群组前沿下的目标能源投入量}_{nt}}{\text{实际能源投入量}_{nt}} = \frac{e_{nt} - S_{nt}^e}{e_{nt}}$$

$$\tag{5-3}$$

其中，e_{nt} 表示省份 n 在时间 t 的实际能源投入量，S_{nt}^e 表示省份 n 在时间 t 可以缩减的能源投入量。

如果能源投入的松弛变量为 0，即 $S_{nt}^e = 0$，则认为此 DMU 的能源利用是有效率的。

根据上述定义，GETFEE 介于 0 和 1 之间。如果 GETFEE 等于 1，则意味着达到了群组前沿下的最佳能源效率。利用组 h 的投入产出数据可以计算组 h 内各省在 t 时在该组技术条件下的生态全要素能源效率。

二、共同前沿下的生态全要素能源效率

由于群体异质性，不同群组前沿下的生态全要素能源效率值是无法比较的。为了使所有决策单元的能源效率可比，需要定义共同前沿生产可能集。通过包络所有群组前沿面，可以得到共同前沿面。因此，共同前沿生产可能集可以定义为所有群组前沿生产可能集的交集，即 $\text{MT} = \{T_1 \cup T_2 \cup \cdots \cup T_H\}$。不变规模报酬(CRS)的非参数共同前沿生产可能集可表示如下：

$$MT = \left\{ \begin{array}{l} (X,D,U): \sum_{h=1}^{H} \sum_{n=1}^{N_h} \beta_n^h X_{mn} \leq X_m \\[2mm] m = 1,2,\cdots,M, \sum_{h=1}^{H} \sum_{n=1}^{N_h} \beta_n D_{in} \leq D_i, i = 1,2,\cdots,I \\[2mm] \sum_{n=1}^{N_h} \beta_n U_{jn} \leq U_j, j = 1,2,\cdots,J, \beta_n \geq 0, n = 1,2,\cdots,N_h \end{array} \right\}$$

$$(5\text{-}4)$$

其中,β_n^h 是一个非负乘数,并且为得到平滑的共同前沿面,对式(5-4)施加凸约束 $\sum_{h=1}^{H} \sum_{n=1}^{N_h} \beta_n^h = 1$。

结合式(5-2)和式(5-4)可以定义基于松弛变量的共同前沿方法模型。首先求解以下全局基于松弛变量的共同前沿方法模型:

$$\theta_{nt}^* = min \frac{1 - \dfrac{1}{M} \sum_{m=1}^{M} \dfrac{S_{m,nt}^X}{X_{m,nt}}}{1 + \dfrac{1}{I+J}\left(\sum_{i=1}^{I} \dfrac{S_{i,nt}^D}{D_{i,nt}} + \sum_{j=1}^{J} \dfrac{S_{j,nt}^U}{U_{j,nt}} \right)}$$

$$s.t. \sum_{t=1}^{T} \sum_{h=1}^{H} \sum_{n=1}^{N_h} \beta_n^h X_{m,nt} = X_{m,nt} - S_{m,nt}^X$$

$$\sum_{t=1}^{T} \sum_{h=1}^{H} \sum_{n=1}^{N_h} \beta_n^h D_{i,nt} = D_{i,nt} + S_{i,nt}^D$$

$$\sum_{t=1}^{T} \sum_{h=1}^{H} \sum_{n=1}^{N_h} \beta_n^h U_{j,nt} = U_{j,nt} - S_{j,nt}^X$$

$$\sum_{h=1}^{H} \sum_{n=1}^{N_h} \beta_n^h = 1$$

$$S_{m,nt}^X \geq 0, S_{i,nt}^D \geq 0, S_{j,nt}^U \geq 0, \beta_n^h \geq 0 \qquad (5\text{-}5)$$

通过求解式(5-5)得到共同前沿技术下所有松弛变量的最优解。省份 n 的服务业在时间 t 的 METFEE 可以通过以下公式计算：

$$METFEE_{nt} = \frac{\text{共同前沿下的目标能源投入量}_{nt}}{\text{实际能源投入量}_{nt}} = \frac{e_{nt} - S_{nt}^e}{e_{nt}}$$

(5-6)

与 GETFEE 指数同理，高（低）METFEE 表明在共同前沿技术下服务业的能源效率较高（低）。

三、有关能源效率的技术差异

通过比较 GMTFEE 和 METFEE，可以得到与能源效率相关的技术差距。根据张宁等（2015），共同前沿技术下的能源效率 METFEE 可分解为 GETFEE 和技术比（MTR）的乘积：

METFEE = GETFE×MTR (5-7)

前者衡量特定群组前沿技术下的组内相对能源效率，后者衡量群组前沿技术与共同前沿技术的接近程度。较高的技术比意味着较小的差距，而 MTR = 1 意味着两种技术下的能源效率没有差距。

因此，有关能源效率的技术差异可定义如下：

TGEE = 1-MTR (5-8)

TGEE 衡量群组前沿和共同前沿下有关能源效率的技术差距。TGEE 值越大技术差距越大，而 TGEE = 0 意味着两种技术下的能源效率没有差距。

四、节能空间

如前文所述，松弛变量反映了投入或产出变量的潜在改进量。上文利用能源投入松弛变量的计算结果评估了两种前沿下的能源效率，即目标能源投入量与实际能源投入量的比值，同时也可以根据这一计算结果评估节能空间，即能源投入松弛量与实际能源投入量的比例。因此,节能空间与能源效率之和为 1。群组前沿和共同前沿下,省份 n 在时间 t 的节能空间 $ECP^G_{n,t}$ 和 $ECP^M_{n,t}$ 分别为:

$$ECP^G_{n,t} = 1 - GETFEE_{nt}$$
$$ECP^M_{n,t} = 1 - METFEE_{nt} \tag{5-9}$$

第二节 数据来源及处理

资本和劳动力是两种非能源投入。吴估计了 1995—2006 年中国各省份服务业的资本存量(Wu,2016)。本章 2007 年以前的资本投入数据来源于其研究,并用永续盘存法将资本存量数据延长至 2013 年。资本盘存法是由戈德史密斯(Goldsmith)于 1951 年创立,广泛应用于资本存量的估算。估计方法可表示为:

$$K_t = K_{t-1}(1 - \delta_t) + I_t \tag{5-10}$$

其中, K_t 是第 t 年资本存量的实际值, δ_t 是第 t 年的折旧率, I_t 是第 t 年资本存量增量或资本形成总额的实际值。本研究使用服务业固定资产投资反映 I_t,是用各省份固定资产投资总额减去第一产业和第二产业固定资产投资来估算。固定资产投资数据来自《中国固定资产投资统计年鉴》(1996—2014 年),服务业省级折旧率数据来自吴(Wu,2016)的计算结果。资本存量数据平减为 1995 年不变价。劳动力数据来自《中国第三产业统计年鉴》(1996—2014 年)。

1995—2013 年各省份服务业的能源投入是通过"交通运输、仓储和邮政业""批发零售业、住宿和餐饮业"以及"其他"三个行业的数据加总得到的,数据来源是《中国能源统计年鉴》。能源消费量是根据《中国能源统计年鉴2014》中提供的不同能源品种的标准煤转换系数,将煤炭、石油产品、液化石油气、天然气和电力消费量由实物量转换为标准煤后加总得到的。

合意产出是用各省份服务业的增加值来衡量的。来自《中国第三产业统计年鉴》(1996—2014年),并折算为1995年不变价。本章考虑的非合意产出是二氧化碳排放。由于关于服务业的排放数据不可得,只有二氧化碳排放相对容易估算,因此本书的非合意产出只考虑了二氧化碳排放,未考虑二氧化硫等其他非合意产出。服务部门的二氧化碳排放量可以通过加总服务业消费的各种化石能源的二氧化碳排放来估算。每种化石能源的二氧化碳排放系数来自联合国政府间气候变化专门委员会(IPCC,2006),并假设其在1995—2013年保持不变。

本章利用了中国大陆除西藏外的30个省、自治区、直辖市的投入产出数据,由于各地区之间的资源禀赋、技术条件及其他方面均存在一定差异,因此将30个省份分为东部、中部、西部三个群组进行分析。东部地区是服务业最发达的地区,而中部地区在过去几十年中取得了快速发展。与其他两个地区相比,西部地区是欠发达地区,但是其自然资源最丰富,在实施西部大开发战略的背景下,西部地区发展迅速。

表5-1是三个地区服务业一些指标的描述性统计。从表5-1中的数据可以发现,就平均值而言,东部地区是服务业最发达的地区,其次是中部地区,而西部地区相对落后。从事服务业的劳动人口大多集中在东中部地区,服务业的能源消费、二氧化碳排放以及增加值主要集中在东部地区,中西部地区相对较少。就增长率而言,西部地区的所有指标都大于全国平均水平,并且大于东部和中

部地区的大多数指标。这意味着虽然西部地区服务业发展水平较低,但发展速度较快。从资本存量的增长率来看,中西部地区已经逐渐开始重视服务业的发展,对服务业的投资增速远大于东部地区。三个地区服务业增加值的增速基本持平,呈现齐头并进的增长态势。由于东部地区的能源资源和环境约束相对较紧,东部地区服务业的能源消费和二氧化碳排放增长率最低,其次是中部地区,西部地区由于资源丰富、环境承载力较强,其服务业能源消费的增长最快。

表 5-1　1995—2013 年中国服务业各地区各变量的统计特征

	变量(单位)	全国	东部	中部	西部
平均值	资本存量(十亿元)	1482.3	2190.2	1339.5	878.2
	劳动(百万人)	7.0	8.3	8.1	4.8
	能源(百万吨标准煤)	8.7	12.3	7.4	5.9
	增加值(十亿元)	215.2	351.5	178.4	105.7
	二氧化碳排放量(百万吨)	17.0	23.0	15.1	12.4
增长率	资本存量(%)	17.4	15.9	18.0	18.4
	劳动(%)	4.3	4.6	3.6	4.4
	能源(%)	11.7	10.4	11.9	13.0
	增加值(%)	11.7	11.8	11.4	11.8
	二氧化碳排放(%)	11.3	9.7	11.9	12.5

第三节　中国服务业不同省份、不同区域的全要素能源效率测算结果

由于中国是一个大国,不同地区的地理、经济和文化方面存在

很大差异。同一地区的省份特征更为相似,因此能源效率的比较首先在组内进行。群组前沿生态全要素能源效率是对各个省份分组测算的,是用位于同一地区的各省数据构造此区域特定的群组前沿,并测算群组前沿下的能源效率,群组前沿生态全要素能源效率在不同地区之间不可比。样本区间内服务业的群组前沿生态全要素能源效率的平均表现见表5-2。

表5-2 1995—2013年群组前沿下中国各地区服务业能源效率的平均表现

东部		中部		西部	
省份	群组前沿生态全要素能源效率	省份	群组前沿生态全要素能源效率	省份	群组前沿生态全要素能源效率
江苏	0.926	安徽	0.974	广西	0.924
广东	0.921	河南	0.954	内蒙古	0.877
上海	0.824	黑龙江	0.945	云南	0.744
福建	0.810	湖南	0.844	四川	0.741
山东	0.789	江西	0.839	重庆	0.739
浙江	0.707	山西	0.749	新疆	0.703
辽宁	0.695	湖北	0.630	陕西	0.675
天津	0.648	吉林	0.628	甘肃	0.595
北京	0.618	—	—	青海	0.561
河北	0.584	—	—	宁夏	0.494
海南	0.459	—	—	贵州	0.355

从结果来看,东部地区中的江苏省、广东省和上海市的能源效率水平都相对较高,海南省效率水平最低,这一结果同当地的服务业发展水平是较为一致的。江苏省、广东省和上海市都是中国经济最发达的地区,其服务业的发展水平也位居全国前列,因此其服务业能源效率水平都相对较高。从中部地区的结果来看,群组前沿下安徽省、河南省和黑龙江省的能源效率水平排在中部地区前

三位,而江西省的能源效率水平在中部地区当中最低。对于西部地区而言,广西壮族自治区和内蒙古自治区的能源效率都相对较高,贵州省是西部11个省份中能源效率表现最差的。

由于群组前沿生态全要素能源效率是按区域分组,因此不同区域之间不能直接比较。因此需要计算共同前沿下各省份的能源效率,以便进行全国范围内各省份之间能源效率水平的比较。共同前沿生态全要素能源效率计算结果见表5-3,结果同预期较为符合。总的来看,各省份在共同前沿下的能源效率水平低于其在群组前沿下的能源效率水平,这也可以从侧面说明各地区群组前沿面和共同前沿面之间存在的技术差距,且各省份之间的效率水平与最优效率水平之间存在着较大差距。

表5-3 1995—2013年共同前沿下中国各地区服务业全要素能源效率的平均表现

东部		中部		西部	
省份	共同前沿生态全要素能源效率	省份	共同前沿生态全要素能源效率	省份	共同前沿生态全要素能源效率
江苏	0.919	安徽	0.766	广西	0.666
广东	0.861	黑龙江	0.669	重庆	0.658
福建	0.818	河南	0.669	四川	0.567
上海	0.809	江西	0.608	新疆	0.498
山东	0.772	湖南	0.574	云南	0.489
浙江	0.702	山西	0.514	陕西	0.452
北京	0.624	吉林	0.503	青海	0.404
辽宁	0.621	湖北	0.470	内蒙古	0.392
天津	0.607	—	—	宁夏	0.372
河北	0.551	—	—	甘肃	0.348
海南	0.430	—	—	贵州	0.224
东部平均	0.701	中部平均	0.597	西部平均	0.461

对比东部、中部和西部三个地区服务业的平均能源效率水平可以看出,东部、中部和西部效率水平依次降低,这一结果也符合当前各地区服务业的发展水平。在共同前沿下,江苏省、安徽省和广西壮族自治区分别代表了东部、中部和西部地区服务业能源效率的最高水平,而海南省、湖北省和贵州省则分别代表了东部、中部和西部地区服务业能源效率的最低水平。从全国整体来看,江苏省、广东省、福建省、上海市和山东省的服务业能源效率水平相对较高,在全国各省份中排名前五位,这些省份均位于东部地区,且其效率水平均都高于中部地区和西部地区所有省份的服务业能源效率水平。

图 5-1 是共同前沿下各地区能源效率的走势。从图 5-2 中可以看出,东部地区的共同前沿生态全要素能源效率一直都处于最高水平,西部地区的共同前沿生态全要素能源效率则一直都是三个区域中最低的,中部地区的共同前沿生态全要素能源效率则位于东部地区和西部地区之间。从 1995 年到 2013 年,每个地区的共同前沿生态全要素能源效率平均值均高于或接近 0.5,所有 30 个省份的平均共同前沿生态全要素能源效率为 0.588。有研究表明,中国大部分地区的生态能源使用效率较低,2010 年中国各地区平均共同前沿生态全要素能源效率为 0.418,2016 年能源密集型产业和建筑行业的共同前沿生态全要素能源效率结果小于 0.5。由于这些行业的结果在测算时使用的样本不同导致前沿面不同,因此无法表明中国服务业的能源效率与其他行业相比较高。

在研究区间内,东部地区的共同前沿生态全要素能源效率从 0.595 增长到 0.722,说明 1995—2013 年东部地区的服务业能源效率水平在提高。中部地区的共同前沿生态全要素能源效率呈现

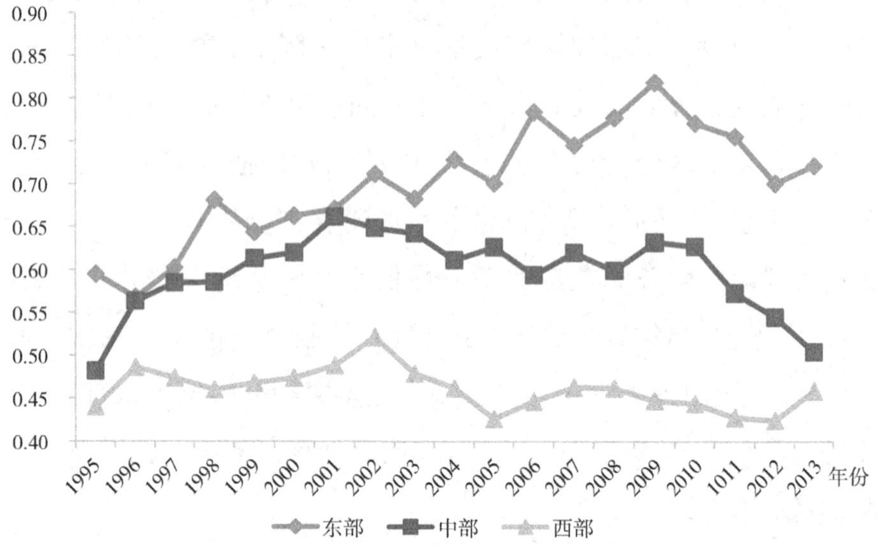

图5-1 1995—2013年共同前沿下中国各地区服务业全要素能源效率的走势

先上升再下降的趋势,从 1995 年的 0.482 上升到 2005 年的 0.627,但从 2006 年开始逐渐下降,到 2013 年仅为 0.504 左右。样本区间内西部地区的共同前沿生态全要素能源效率呈小幅波动状态,1995 年为 0.440,2002 年增长到 0.521,2005 年又下降到 0.426,2012 年为 0.424,到 2013 年增长到 0.459。

　　许多关于中国的效率研究都发现东部地区的效率水平最高,包括能源效率、环境效率和其他效率指标等。这主要取决于经济发展水平。首先,在经济发达的情况下,东部地区有较强的经济实力进行节能减排研究,促进节能技术的推广。其次,随着东部地区经济的快速发展,资源和环境对经济发展的制约越来越突出,提高能源效率的动力更大。

　　为了更好地了解有关中国服务业能源效率的区域异质性,本章还计算了各地区之间与服务业能源效率相关的技术差距。如图

5-2所示,东部地区表现出最低的与能源效率相关的技术差距,这表明与其他两个地区相比,它具有最小的技术差距。2013年东部地区的平均能源效率相关的技术差距为0.063,中部和西部地区的平均能源效率相关的技术差距为0.387和0.327,均远高于东部地区。由于能源效率相关的技术差距指数介于0和1之间,而较大的能源效率相关的技术差距意味着群组前沿和共同前沿技术之间的差距较大。图5-2中的平均能源效率相关的技术差距值表明中西部地区两种前沿技术之间存在较大差距。技术差距可以通过创新来缩小,并使之转向更高的效率前沿面。

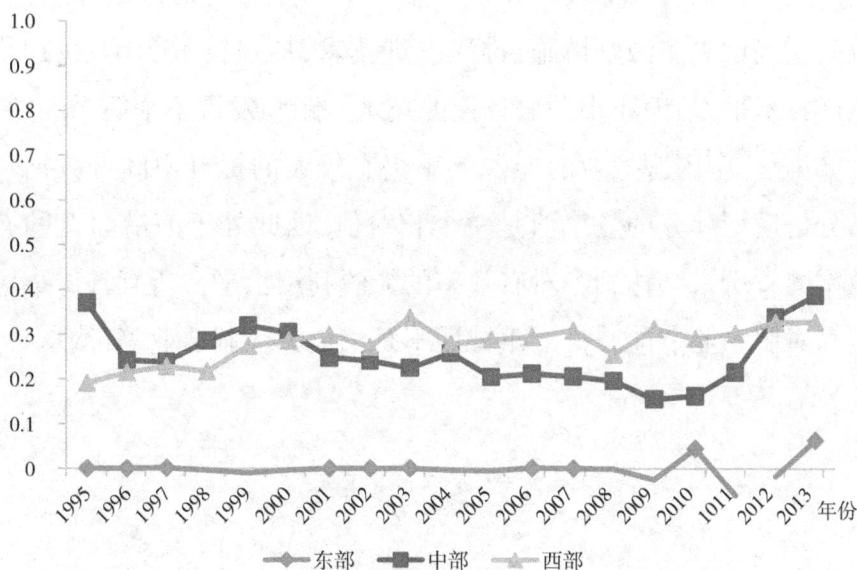

图5-2 1995—2013年中国服务业各地区与能源效率相关的技术差异

各省份服务业在两种前沿下的节能空间可以通过式(5-9)得出。值得注意的是,本书讨论节能空间时会考虑环境约束(二氧化碳排放),这在以往的研究中经常被忽略。海南省、贵州省、青海省、宁夏回族自治区、甘肃省和陕西省在两种前沿下都有较大的平均节能空间,在共同前沿下均大于 0.5。欠发达地区的服务业往往具有更大的节能及能效提升空间。

总的来看,本章主要可以得出以下结论:

第一,东部地区的服务业表现出最佳的能源效率,其次是中部地区,西部地区表现最差。只有东部地区能源效率呈现明显上升趋势,技术差距明显呈下降趋势。中西部地区应加大力度提高能源效率。大力发展服务业可以成为欠发达地区提高能源效率的有效途径。

第二,中西部地区的技术差异远高于东部地区。中国服务业能源效率存在较大的技术差距。鉴于中国服务业的区域异质性,政府应提供更多激励措施,推广先进技术,加强技术合作,鼓励跨地区技术推广,缩小中国服务业的技术差距和发展不平衡。

第三,中国服务业的能源效率仍有较大的提升空间。数据包络分析模型计算的效率值是一个相对值,因此处于前沿面上的有效率的省份未必达到绝对有效率的能源利用水平。所有省份都应提高对服务业节能减排的重视而不是仅仅关注制造业等行业。

第六章 从行业异质性视角分析
服务业内部结构对服务业
综合效率的影响

第一节 从行业异质性视角进行研究的重要性

上一章着眼于服务业的区域异质性测算了中国各省份服务业的全要素能源效率。本章将继续在全要素分析框架下，着眼于服务业的行业异质性，首先测算中国服务业分省和分子行业的综合效率，再分析服务业内部结构变化对综合效率的影响。综合效率是将包括运行效率、能源效率和环境效率在内的所有类型的效率统一，各个投入和产出的松弛变量即可改进的量进行加权得到的综合效率，评价指数，不仅能衡量各个投入与产出变量的使用效率，而且能衡量变量间互相协调的综合利用效率。

技术进步和效率提高是长期持续经济增长的重要来源（Krugman,1994）。用生产率来衡量服务业的技术进步已经被研究了很多年，但服务业的效率问题尚未得到足够的重视。"十三五"规划提出,在加快推动服务业优质高效发展的同时,也需要重视发展质量和效率。在中国经济进入新常态,重化工业增长乏力的背景下,服务业的发展也不能片面的追求速度而忽视质量,服务业效率问题也应该引起重视,避免走粗放式增长的老路。

随着服务业发展,服务业的内部结构以及生产和组织方式也在不断变化。与住宿和餐饮等传统服务业相比,金融业、房地产业等现代服务业增长较快。劳动密集型传统服务业在服务业中的比例正在逐步下降,而新兴的人力资本密集型现代服务业的比例正在增加。由于服务业子行业之间的异质性,服务业的效率随结构变化而变化。

本章采用 DEA-Tobit 两阶段分析方法,试图从服务业子行业的异质性角度分析服务业结构变化对服务业效率的影响:第一阶段利用数据包络分析测算效率,第二阶段将效率得分与影响效率的因素进行回归分析。

本章在第一阶段测算了中国服务业在区域和子行业层面的综合效率(UE)。鉴于传统的方向距离函数存在的缺陷,主要参考张宁等(2014)的方法,基于方向距离函数采用全局数据包络分析技术对中国各省份服务业及中国服务业各子行业的综合效率进行测算。通过广泛使用的数据包络分析方法估计的综合效率是与所有投入和产出变量的效率相关的综合评估指标。它是衡量每个投入变量的利用效率、合意产出的产出效率以及非合意产出的环境效率的综合效率。因此,综合效率适用于分析由不良资源配置造成的整个生产系统的低效损失。

在第二阶段,考虑到服务业的异质性和内部结构变化,我们进一步研究了结构对中国服务业综合效率的影响。针对感兴趣的变量对数据包络分析结果建模的最常用方法是 Tobit 回归。Tobit 回归适用于当被解释变量是归并数据或角点解时,数据包络分析结果属于角点解情形。但是,许多研究忽略了 Tobit 模型中因变量取零的概率必须大于零的前提,而直接使用数据包络分析效率结果作为因变量。事实上,数据包络分析效率结果都大于零并且不可能为零。因此,本章使用低效值即 1−UE 作为 Tobit 模型的因变量(Kirjavainen 和 Loikkanent,2002;Tsolas,2014)。

本章的贡献有以下几点。第一,首次衡量了服务业的综合效率。考虑到地区和子行业之间的异质性,本章估算了中国服务业在区域和子行业层面的综合效率,从而对中国服务业进行了全面的效率评估。第二,尽管现有文献强调服务业的异质性及其给服务业研究带来的困难,但没有研究定性地分析服务业内部结构对服务业效率或绩效的实际影响。本章利用综合效率结果通过面板 Tobit 模型填补了这一空白。第三,现有文献经常忽略数据包络分析结果为零的不可能性,而直接使用数据包络分析效率结果作为 Tobit 模型的因变量,本章通过将低效值作为因变量来修正这一点。第四,为了使测算出来的每年的效率值可比,本章将张宁等(2014)的综合效率估计模型和全局数据包络分析方法相结合,用全局非径向方向距离函数方法估算综合效率。

第二节　非径向方向距离函数 DEA-Tobit 两阶段模型

一、非径向方向距离函数

假设在 T 期时间内有 N 个地区(行业),每个地区(行业)通过使用资本(K)、劳动力(L)和能源(E)三种投入要素生产合意产出GDP(Y)和非合意产出二氧化碳(C)。每个地区(行业)在各期均为一个基本决策单元(DMU),生产可行集 R 是一个闭集,并假设满足生产理论的标准公理(Färe 和 Grosskopf,2005)。为使 R 更贴近现实,还需要对其施加两个假设条件:弱可处置性和零结合性。弱可处置性意味着若要削减非合意产出,合意产出必须随之削减。并且非合意产出无法完全被消除,即要满足零结合性假设。此外,假设投入和合意产出是强可处置性的。生产可行集 R 可表示如下(Färe,2007):

$$R = \{(K,L,E,Y,C) : (K,L,E) \text{ 可以生产}(Y,C)\}$$

$$\sum_{t=1}^{T}\sum_{n=1}^{N}\gamma_{nt}K_{nt} \leqslant K, \sum_{t=1}^{T}\sum_{n=1}^{N}\gamma_{nt}L_{nt} \leqslant L, \sum_{t=1}^{T}\sum_{n=1}^{N}\gamma_{nt}E_{nt} \leqslant$$

$$E, \sum_{t=1}^{T}\sum_{n=1}^{N}\gamma_{nt}Y_{nt} \leqslant Y, \sum_{t=1}^{T}\sum_{n=1}^{N}\gamma_{nt}C_{nt} \leqslant C, \gamma_{nt} \geqslant 0 \qquad (6-1)$$

其中,γ_{nt} 是通过一个凸组合来构建的生产可行集。

接下来,参考周鹏等(2012)构造了以下非径向方向距离函数:

$$\vec{ND}(K,L,E,Y,C;g) = sup\{w^{T}\beta : [(K,L,E,Y,C) + diag(\beta) \cdot g]$$

$$\in P\} \qquad (6-2)$$

其中,$\beta = (\beta_K,\beta_L,\beta_E,\beta_Y,\beta_C)^{T} \geqslant 0$ 是一个比例向量,即各个投入产出变量可以增大或者减小的最高比例。向量 β 可以反映非径向方向距离函数相较于方向距离函数的优点,即各个元素间独立且不必相等,放松了方向距离函数中合意产出的增加与投入和非合意产出的减少需成比例的假设条件,使模型更为合理。$diag(\cdot)$ 表示向量对角化。$g = (g_K,g_L,g_E,g_Y,g_C)^{T}$ 是各个投入产出变量增大或者减小的方向向量。$w = (w_K,w_L,w_E,w_Y,w_C)^{T}$ 是标准化的权重向量,需要根据研究目标和研究对象对其进行设定。由于本章考虑了三种要素投入、一种合意产出和一种非合意产出,根据 Zhang 等(2014),式(6-2)的权重向量设为 $w = (1/9, 1/9, 1/9, 1/3, 1/3)^T$。此处权重向量的设定遵循全要素指标构建的一贯做法,将投入、合意产出和非合意产出的地位视为等同,因此权重均为 1/3。在投入所占的 1/3 中,三种投入的地位也视为等同,因此各占 1/9 的权重。由于我们的目的是尽可能减少要素投入和非合意产出,增加合意产出,因此将方向向量设为 $g = (-K, -L, -E, Y, -C)^T$。

估计非径向方向距离函数可以用非参数数据包络分析或者参数方法。对于数据包络分析型模型,样本决定技术前沿面。效率结果是某技术前沿下的相对值,只能在样本内进行比较。由于数据包络分析结果将用于第二阶段的回归分析,因此它们必须在不同年份间具有可比性。鉴于此,本章应用全非径向距离函数方法(Oh, 2010)。该方法基于整个样本构建固定技术前沿面,而非基于同年的数据构建年度技术前沿面,可以使得不同年份的结果具有可比性。式(6-2)中的非径向方向距离函数在全局生产技术下,可以通过线性规划得到向量 β 的最优解,具体模型如下:

$$\vec{D}(K, L, E, Y, C) = \max w\beta_K + w\beta_L + w\beta_E + w\beta_Y + w\beta_C$$

$$\text{s.t.} \sum_{t=1}^{T}\sum_{n=1}^{N} \gamma_{nt} K_{nt} \leqslant K_n - \beta_K g_K$$

$$\sum_{t=1}^{T}\sum_{n=1}^{N} \gamma_{nt} E_{nt} \leqslant E_n - \beta_E g_E$$

$$\sum_{t=1}^{T}\sum_{n=1}^{N} \gamma_{nt} L_{nt} \leqslant L_n - \beta_L g_L$$

$$\sum_{t=1}^{T} \sum_{n=1}^{N} \gamma_{nt} Y_{nt} \leqslant Y_n - \beta_Y g_Y$$

$$\sum_{t=1}^{T} \sum_{n=1}^{N} \gamma_{nt} C_{nt} \leqslant C_n - \beta_C g_C$$

$$\gamma_{nt} \geqslant 0 \quad n = 1, 2, \cdots, n \, t = 1, 2, \cdots, T \tag{6-3}$$

求解上式得到的最优解 $\beta^* = (\beta_K^*, \beta_L^*, \beta_E^*, \beta_Y^*, \beta_C^*)$ 则为某个决策单元要达到最佳生产状态,各个投入产出变量需要变化的比例。也就是说,在特定的技术条件下,地区(行业) n 在第 t 期可以实现的要素投入、合意产出和非合意产出的最优值也即目标值分别为:$j_{nt} - \beta_{j,nt}^* j_{nt}$,$Y_{nt} - \beta_{Y,nt}^* Y_{nt}$ 和 $C_{nt} - \beta_{C,nt}^* C_{nt}$,其中,$j = K, L, E$。最优值与实际值的差值等于实际值乘以 β^*,意味着各个投入产出变量可以改进的空间(绝对量)。如果计算得出的 β^* 中某一元素为 0,则表示该决策单元在该种投入或产出上已经达到了最佳状态,改进空间为 0。

接下来将利用最优解构建服务业综合效率评价指标。参考张宁等(2014),综合效率可以根据以下公式计算:

$$UE = \frac{\frac{1}{4} \left[(1 - \beta_K^*) + (1 - \beta_L^*) + (1 - \beta_E^*) + (1 - \beta_C^*) \right]}{1 + \beta_Y^*}$$

$$= \frac{1 - \frac{1}{4} (\beta_K^* + \beta_L^* + \beta_E^* + \beta_C^*)}{1 + \beta_Y^*} \tag{6-4}$$

综合效率的值在 0 和 1 之间,值越大表示该决策单元各个投入产出变量的综合效率越高。若 β^* 中各个元素均为 0,则各个投入产出变量的利用或产出都达到了最优状态,此时综合效率值为1,该决策单元位于生产前沿面上。

此外,不同的效率指标可以通过设定不同的权重向量利用式(6-3)进行评估。例如,林伯强和杜克锐(2015)通过设定 $w = \left(0, 0, \dfrac{1}{3}, \dfrac{1}{3}, \dfrac{1}{3}\right)^{T}$ 来计算能源-碳效率指数:

$$ECPI = \frac{\dfrac{1}{2}\big[(1 - \beta_E^*) + (1 - \beta_C^*)\big]}{1 + \beta_Y^*} \tag{6-5}$$

二、面板 Tobit 模型

第一阶段计算得出的效率值都在 0 到 1 之间,并且出现多个效率值为 1,但没有效率值为 0,即 0<UE≤1,属于受限被解释变量。在第二阶段,为了探讨服务业内部结构对中国服务业综合效率的影响,使用受限因变量模型是较为合理的。具有截取因变量的普通最小二乘估计(OLS)可能是有偏且不一致的。作为受限因变量模型之一的 Tobit 回归可以利用最大似然估计(MLE)有效地处理这种类型的数据。因此,本章利用托宾(Tobin,1958)所提出的归并回归模型(Censored Regression Model)即 Tobit 模型,对服务业效率的影响因素进行参数估计。

在标准的 Tobit 模型中,因变量为非负数并且满足 $P(y = 0) > 0$,即因变量 y 总有一些值为 0。因此本章将各省份服务业低效值 Y_{it}(1-效率值)作为因变量,使因变量大于等于 0,模型可以表示为:

$$Y_{it}^* = X_{it}\beta + \mu_i\,\varepsilon_{it}$$

若 $Y_{it}^* > 0$,则 $Y_{it} = Y_{it}^*$;

否则, $Y_{it} = 0$。 $\tag{6-6}$

其中, X_{it} 是解释变量向量, β 是待估参数向量。低效值 Y_{it} 可视为一个最小值为 0 的连续变量。假设误差项服从 ε_{it} 正态分布,此模型可以通过最大似然估计法来估计。

当存在不可观测异质性时,可以考虑个体效应 μ_i。若 μ_i 与 X_{it} 不相关则为随机效应模型;若 μ_i 与 X_{it} 相关则为固定效应模型。我们知道,面板数据模型采用固定效应模型更为贴近实际。但是由于模型理论界目前还尚未找到关于固定效应 Tobit 模型中个体异质性 μ_i 的充分统计量,故无法像固定效应的 Logit 或者计数模型一样进行条件最大似然估计。若直接在混合 Tobit 回归中加入面板单位的虚拟变量,所得的固定效应估计量也是不一致的。因此,目前文献都仅考虑随机效应的 Tobit 模型(陈强,2010)。

由于服务业各省份以及各子行业之间都存在异质性,本章采用随机效应的面板 Tobit 模型。

第三节　服务业分地区和分行业的综合效率测算

一、变量及数据处理

本节收集了中国大陆除西藏外的 30 个省、自治区、直辖市 1995—2015 年和服务业 14 个细分行业 2004—2015 年的相关数据[1],分别从省级层面和行业层面测算服务业的综合效率。省级面板数据和行业面板数据分别折算为 1995 年不变价和 2004 年不

---

[1]　本节中 14 个服务业子行业的统计口径与国家统计局保持一致。除能源数据外的所有其他数据都与此行业划分标准一致。由于 1995—2003 年服务业子行业的增加值数据不可得,因此本章服务业子行业的研究区间从 2004 年开始。

变价。分行业城镇单位就业人员和分行业全社会固定资产投资数据来自国家统计局网站,如未特殊说明,其他数据来自CEIC中国经济数据库。

(1)资本投入。资本投入利用国际上通用的永续盘存法来进行估算。各省份服务业资本存量1995—2006年直接从Wu(2016)中得到,并且采用其估算的各省份服务业资本折旧率以及CEIC中国经济数据库中各省份服务业固定资产投资将数据延长至2015年并折算为1995年不变价。而服务业子行业资本存量是本章根据永续盘存法计算得到的,公式为:

$$K_{i,t} = K_{i,t-1}(1 - \delta_{i,t}) + I_{i,t} \qquad\qquad (6-7)$$

其中,$K_{i,t}$ 和 $K_{i,t-1}$ 分别表示 i 子行业在 t 年和 $t-1$ 年的资本存量,$I_{i,t}$ 表示 i 子行业在 t 年的不变价固定资本投资额,$\delta_{i,t}$ 表示 i 子行业在 t 年的资本折旧率。基年资本存量运用哈勃格(Harberger,1978)提出的稳态方法进行估算:

$$K_{i,t-1} = I_{i,t}/(g_{i,t} + \delta_{i,t}) \qquad\qquad (6-8)$$

其中,$g_{i,t}$ 用服务业分行业实际增加值在2004—2015年的几何平均增长率来表示。参考现有文献,本章将服务业各子行业的资本折旧率设为4%并保持不变(Barro和Lee,2013)。

(2)劳动投入。由于无法获得对服务业细分行业和各省份服务业的劳动投入进行劳动力质量调整所需要的相关数据,因此,只能选取服务业就业人数作为劳动投入的代理变量。各省份劳动投入用"第三产业就业人数"来衡量。1995—2010年省级面板数据来自CEIC中国经济数据库,2010—2015年数据来自分省统计年鉴。由于服务业细分行业劳动投入数据也不可得,本章参考王恕立和胡宗彪(2012)采用以下公式进行估算:

服务业分行业的全社会就业人数

＝服务业全社会总就业人数 ×

$$\frac{服务业分行业的城镇单位就业人数}{服务业城镇单位总就业人数} \qquad (6-9)$$

（3）能源投入。煤炭、油品、电力和天然气是中国服务业的主要能源消费品种,2016 年这四种能源占全国服务业终端能源消费量的 95%。本章分省份服务业历年的能源投入量是根据标准煤折算系数将这四种能源的终端消费实物量折算成标准煤后加总得到的。而关于服务业分子行业的能源投入,国家统计局仅公布了"交通运输、仓储和邮政业""批发零售和住宿餐饮业""其他服务业"三个门类的能源消费量。本章参考王恕立(2015)和滕泽伟等(2017),用服务业细分行业的增加值占服务业总增加值的比重估算没有直接统计的服务业细分行业的能源消费量。这种估算方式是假设每个服务业子行业的增加值占服务业总增加值的比例等于每个服务业子行业的能源消费量占服务业总能耗的比例。本书承认上述相同能源强度的假设不很恰当,但的确没有更精确的数据可用。因此,为了保证综合效率结果的稳健性,本章还根据"交通运输、仓储和邮政业""批发零售和住宿餐饮业"和"其他服务业"的能源消费数据和就业数据估算了 13 个服务业子行业的能源消耗。此种情形假设 13 个服务子行业每位员工的能耗相同。本章使用这种方法进行对比是因为除了"交通运输、仓储和邮政业"之外,服务部门的大多数活动都发生在建筑物中。假设建筑物中每位员工的能耗相同比能源强度相同可能更合理。

（4）合意产出:服务业增加值。各省份服务业增加值不变价根据各省份第三产业 GDP 当年价和各省份第三产业 GDP 指数折算得到。服务业子行业增加值数据也是同理可得①。

(5)非合意产出:二氧化碳排放。鉴于中国服务业的排放数据不可得,二氧化碳排放数据可以根据分品种能源消费量和排放系数进行较为合理的估算,因此本章同第五章的非合意产出都仅考虑了二氧化碳排放。服务业各省份和各子行业二氧化碳排放的具体估算方法同第五章。

二、结果

基于服务业各地区和各细分行业的资本投入、劳动投入、能源投入以及合意产出和非合意产出数据,本章首先分别从地区层面和行业层面分析中国服务业的综合效率。

(一)基于省级面板数据的中国服务业综合效率分析

本节基于省级面板数据得到了中国各省份服务业总体的综合效率。2015 年,服务业综合效率最高的三个省份为广东省、江苏省和上海市,其全要素综合效率(Total Facfor Unified Efficiency,TFUE)均为 1。1995—2015 年服务业综合效率均值最高和最低的省份分别为广东省和贵州省,全要素综合效率均值分别为 0.913 和 0.265。全要素综合效率均值排名前六位的省份分别为广东省、江苏省、福建省、山东省、上海市和浙江省,均位于东部。西部地区效率均值最高的是广西,排在第 7 位,中部地区效率均值最高的是黑龙江省,排在第 8 位。东部地区和中部地区效率均值最低的分别是海南省和

---

①　由于服务业子行业 GDP 指数统计的行业分类为:交通运输、仓储和邮政业,批发和零售业,住宿和餐饮业,金融业,房地产业,其他行业,因此,租赁和商务服务业,科学研究、技术服务和地质勘查业,水利、环境和公共设施管理业,居民服务和其他服务业,教育,卫生、社会保障和社会福利业,文化、体育和娱乐业,公共管理和社会组织这 8 个行业的 GDP 平减指数是根据其他行业的 GDP 指数和 GDP 增加值计算得到的。

湖北省,海南省服务业效率比很多中西部地区的省份都低。效率均值最低的十个省份除了海南省以外都处于西部地区。

东部、中部、西部的全要素综合效率均值分别为 0.700、0.530 和 0.391。从图 6-1 各区域整体来看,东部地区服务业综合效率高于中部地区,西部地区效率最低。可见服务业效率与经济发展水平或许有一定关系,这一发现与第五章各地区全要素能源效率的测算结果相一致。

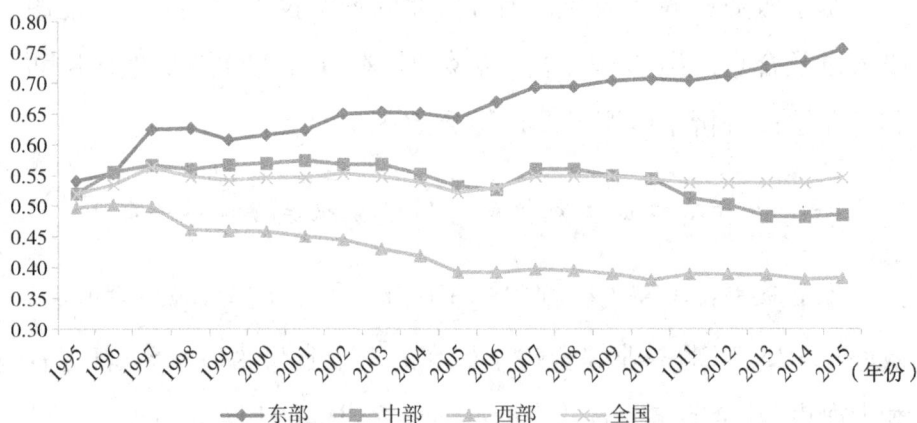

图 6-1　1995—2015 年中国服务业分区域综合效率

如图 6-1 所示的时间趋势来看,东部和西部地区的服务业效率在 1995—2015 年分别呈现上升和下降的趋势。整个样本的平均综合效率为 0.541,没有明显波动。中部地区的综合效率与整个样本的平均综合效率表现相似,而在 2009—2014 年,尤其是从 2011 年到 2014 年呈现下降趋势。由于全局数据包络分析方法使用整个面板数据构建统一的技术前沿面,不同省份和年份的综合效率结果是相对值且具有可比性。因此,图 6-1 的时间趋势表明,中国服务业区域之间的效率差距逐渐增大,东部地区表现较好,其他地区滞后。

(二)基于行业面板数据的中国服务业综合效率分析

表6-1展示了基于两种子行业能源消费估算方法的中国14个服务业子行业的平均综合效率结果。估计(1)是假设细分子行业能源强度相等,用子行业GDP比例来估算的结果;估计(2)是假设细分子行业人均能源消费相等,用子行业就业人数比例来估算的结果。综合效率在子行业间的差异证实了服务业存在较大的异质性。从研究区间的平均综合效率水平来看,"金融业"在两种能源消费估算方式下均为最有效率的子行业。此外,根据估计(1)和估计(2),"金融业"和"居民服务和其他服务业"分别有6年和4年位于技术前沿面上,综合效率值为1。在两种估算方法下,"交通运输、仓储及邮电通信业"的平均综合效率分别为0.150和0.117。此行业的低效率是由于其高能耗和大量消耗石油产品并产生高二氧化碳排放导致的。其能源投入和非合意产出在服务业子行业中都是最大的,综合效率远低于其他服务业子行业。"交通运输、仓储及邮电通信业"拉大了中国服务业综合效率在子行业之间的差异。"批发和零售业"排名第3位或第4位,"住宿和餐饮业"排名第8位。总体来看,基于两种估计方法的服务业子行业的平均综合效率排名大致相同。

表6-1 2004—2015年中国服务业细分行业的综合效率

行业	估计(1)		估计(2)	
	综合效率均值	排名	综合效率均值	排名
金融业	0.955	1	0.931	1

行业	估计（1）		估计（2）	
	综合效率均值	排名	综合效率均值	排名
居民服务和其他服务业	0.888	2	0.911	2
批发和零售业	0.719	3	0.460	4
信息传输、计算机服务和软件业	0.683	4	0.427	5
租赁和商务服务业	0.615	5	0.340	6
房地产业	0.606	6	0.614	3
科学研究、技术服务和地质勘查业	0.603	7	0.280	7
住宿和餐饮业	0.539	8	0.262	8
文化、体育和娱乐业	0.534	9	0.171	9
卫生、社会保障和社会福利业	0.534	10	0.151	10
公共管理和社会组织	0.525	11	0.146	11
教育业	0.517	12	0.111	13
水利、环境和公共设施管理业	0.450	13	0.059	14
交通运输、仓储和邮政业	0.150	14	0.117	12

注：由于中国国家统计局仅公布了"运输运输、仓储和邮政""批发零售、住宿和餐饮业"和"其他服务业"三个服务部门的终端能源消费量。本书用两种方法估算14个细分行业的能源消费量。估计（1）是假设细分子行业能源强度相等，用子行业GDP比例来估算的结果；估计（2）是假设细分子行业人均能源消费相等，用子行业就业人数比例来估算的结果。

第四节 服务业结构变动对服务业 综合效率的影响分析

一、变量及数据处理

本节旨在研究服务业结构对服务业综合效率的影响，如何衡量服务业结构这一变量至关重要。服务业各子行业增加值的省级面板数据只有交通运输、仓储和邮政业，批发和零售业，住宿和餐饮业，金融业和房地产业这五个行业是可得的。所以本节用交通运输、仓储和邮政业,批发零售、住宿和餐饮业①,金融业和房地产业这四个子行业增加值在服务业增加值中的占比,即交通运输、仓储及邮电通信业在服务业中的增加值占比(Tran_share)、批发零售、住宿和餐饮业在服务业中的增加值占比(Sale_share)、金融业在服务业中的增加值占比(Fina_share)和房地产业在服务业中的增加值占比(Real_share)作为服务业结构的代理变量。并且根据上一部分对服务业各细分行业综合效率的测算结果,金融业和交通运输、仓储及邮电通信业分别是服务业子行业中综合效率最高和最低的行业,因此把这两个具有代表性的行业包含到服务业结构中是较为合理的。

为了控制其他因素对服务业综合效率的影响,在估计方程中加入以下控制变量:

(1)服务业发展水平(ED)。服务业发展水平可以用人均服务业增加值、服务业增加值占 GDP 比重、服务业增加值增长速度、服务业全要素生产率等多种评价指标来衡量。不同的指标侧重不同的方面,如发展规模、增长速度、经济效益等。为避免量纲的影响,本节采用"服务业增加值占 GDP 比重"作为衡量服务业发展水平的代理变量。一般而言,服务业越发达,服务业增加值占 GDP 的比重越大。

(2)高校研发支出(RDU)。技术进步是效率提高的关键,R&D 是推动技术进步的重要来源。由于服务部门的省级研发数据不可得,本节采用各省"高等学校研究与试验发展经费支出"来

---

① 由于 2006 年以后的统计才把住宿和餐饮业从批发零售、住宿餐饮业中拆分出来,而本章需要 1999—2015 年的数据,因此将批发和零售业与住宿和餐饮业合并为批发零售、住宿和餐饮业。

衡量 R&D[①]。

(3)商品零售价格指数(RPI)。为了控制价格因素,加入商品零售价格指数这一变量。商品零售价格指数是反映一定时期内城乡商品零售价格变动趋势和程度的相对数。该指数与服务业中批发和零售业的运行状况直接相关,由表 6-2 可知,在服务业各子行业中,批发零售、住宿和餐饮业的增加值占比最大。目前还未找到其他更好反映服务业价格的指数。

表 6-2　计量模型各变量的描述性统计分析

变量	均值	标准差	最小值	最大值	样本量
Inefficiency	0.46	0.18	0.00	0.77	510
Tran_share	0.16	0.05	0.05	0.29	510
Sale_share	0.25	0.05	0.13	0.39	510
Fina_share	0.11	0.04	0.02	0.28	510
Real_share	0.09	0.03	0.02	0.20	510
ED	0.41	0.08	0.28	0.80	510
RDU	1.21	1.02	0.11	6.08	510
RPI	1.27	0.16	1.01	1.86	510

以上数据均来自 CEIC 中国经济数据库。由于各省份高校研发支出只有 1999—2015 年的数据可得,因此本节回归分析的数据区间为 1999—2015 年。各变量的描述性统计分析如表 6-2 所示。因变量服务业的低效率最小值为 0,满足标准 Tobit 模型因变量非负且存在取值为 0 的点的条件。从服务业结构变量即交通运输、

---

① 企业、政府所有的研究机构和高等学校是中国研发活动的三大机构。现有的省级研发数据仅有省级研发强度,省级研发支出,工业企业省级研发支出和高等学校省级研发支出。根据匿名审稿人的建议,本章使用与服务业较为相关的高等学校省级研发支出数据。采用省级研发强度的结果也是稳健的。

仓储和邮政业,批发零售、住宿和餐饮业,金融业和房地产业这四个子行业增加值在服务业增加值中的比重均值来看,批发零售、住宿和餐饮业增加值占比最大,平均占服务业增加值的 25%,其次是交通运输、仓储和邮政业和金融业,占比最小的是房地产业。

表 6-3 展示了综合效率与服务业结构变量之间的相关系数。服务业的低效值与"交通运输、仓储和邮政业"在服务业中的份额正相关,与"批发零售、住宿和餐饮业""金融业"和"房地产业"的份额呈负相关关系。从简单的相关系数上看,交通行业的高耗能高排放特性使其在服务业中的比重越大,服务业整体的效率越低。

表 6-3　计量模型各变量的相关系数表

变量	Inefficiency	Tran_share	Sale_share	Fina_share	Real_share
Inefficiency	1.00				
Tran_share	0.23	1.00			
Sale_share	−0.29	−0.17	1.00		
Fina_share	−0.14	−0.46	−0.22	1.00	
Real_share	−0.47	−0.32	0.19	0.19	1.00

二、结果

似然比(LR)检验表明存在个体效应,应使用随机效应的面板 Tobit 回归,而非混合 Tobit 回归。表 6-4 是随机效应的面板 Tobit 模型的回归结果。模型(1)—模型(4)是四个服务业结构变量分别与服务业低效值的回归结果,交通运输、仓储和邮政业和房地产业占比对服务业效率的影响都是显著的。交通运输、仓储和邮政业比重的提高会显著降低服务业效率,而房地产业比重的提高会显著提高服务业效率。模型(5)—模型(8)为加入三个控制变量后的回归结果,除了批发零售、住宿和餐饮业占比以外的三个服务业结构变量对服务业效率的影响都是显著的。各变量的系数正负号与未加入控制变量时相同,交通运输、仓储和邮政业比重的提高会显著降低服务业效率,而金融业和房地产业比重的提高都会显著提高服务业效率。模型9为同时加入4个服务业结构变量的回归结果,各变量对服务业效率影响的显著性以及作用方向与模型(5)—模型(8)一致。

三个控制变量在表6-4模型(5)—模型(9)中对服务业效率的影响都是显著的,并且符号一致,大小相近。其中,服务业增加值占比,即各省份的经济发展水平对服务业效率的影响是最大的,服务业增加值占比高的省份相较于服务业增加值占比低的省份服务业的效率更高。高校研发支出的增加会显著提高服务业效率。商品零售价格指数的提高会显著降低服务业效率,这可能由于价格越高使企业可能会追求扩张而忽视效率。批发零售、住宿和餐饮业是服务业子行业中增加值占比最大的行业,其平均比重为25%,因此服务业效率对商品零售价格指数可能较为敏感。

为了控制区域因素,探究各省份的地理位置对服务业效率的影响,接下来加入地区虚拟变量,回归结果如表6-5所示。若某省份位于中部(西部)地区,则虚拟变量 Dum_central(Dum_western)取值为1,否则取0。根据前文各省份综合效率测算结果,西部地区服务业的综合效率低于东部和中部地区,因此预期服务业低效值与区域虚拟变量 Dum_western 之间存在正相关关系。

表6-4　面板 Tobit 模型参数估计结果

变量	(1) Inefficiency	(2) Inefficiency	(3) Inefficiency	(4) Inefficiency	(5) Inefficiency	(6) Inefficiency	(7) Inefficiency	(8) Inefficiency	(9) Inefficiency
Tran_share	0.161* (0.086)				0.378*** (0.121)				0.264** (0.126)
Sale_share		0.152 (0.107)				-0.016 (0.102)			-0.057 (0.102)
Fina_share			-0.105 (0.113)				-0.278** (0.128)		-0.253* (0.130)
Real_share				-0.366** (0.167)				-0.447*** (0.156)	-0.409** (0.162)
ED					-0.588*** (0.096)	-0.605*** (0.098)	-0.570*** (0.097)	-0.618*** (0.096)	-0.585*** (0.098)
RDU					-0.011*** (0.002)	-0.013*** (0.002)	-0.013*** (0.002)	-0.012*** (0.002)	-0.011*** (0.002)
RPI					0.002*** (0.000)	0.001*** (0.000)	0.002*** (0.000)	0.001*** (0.000)	0.002*** (0.000)
Constant	0.432*** (0.032)	0.420*** (0.040)	0.469*** (0.032)	0.490*** (0.032)	0.423*** (0.076)	0.590*** (0.060)	0.558*** (0.057)	0.611*** (0.055)	0.483*** (0.082)
Observations	510	510	510	510	510	510	510	510	510
Log-likelihood	510.14	509.37	508.80	510.76	564.74	559.92	562.25	564.01	569.30
R-square	0.051	0.085	0.020	0.218	0.146	0.126	0.133	0.163	0.187
Number of id	30	30	30	30	30	30	30	30	30

注：括号中给出了标准误差。*、**和***分别表示在10%、5%和1%的水平上显著。

表 6-5　加入区域虚拟变量的面板 **Tobit** 模型参数估计结果

变量	（1） Inefficiency	（2） Inefficiency	（3） Inefficiency	（4） Inefficiency	（5） Inefficiency
Tran_share	0.373*** (0.121)				0.262** (0.126)
Sale_share		−0.014 (0.102)			−0.054 (0.102)
Fina_share			−0.265** (0.129)		−0.239* (0.130)
Real_share				−0.440*** (0.156)	−0.400** (0.162)
ED	−0.572*** (0.096)	−0.588*** (0.098)	−0.556*** (0.098)	−0.601*** (0.096)	−0.571*** (0.098)
RDU	−0.010*** (0.002)	−0.012*** (0.002)	−0.013*** (0.002)	−0.012*** (0.002)	−0.010*** (0.002)
RPI	0.002*** (0.000)	0.001*** (0.000)	0.002*** (0.000)	0.001*** (0.000)	0.002*** (0.000)
Dum_central	0.038 (0.061)	0.042 (0.062)	0.031 (0.062)	0.037 (0.060)	0.024 (0.060)
Dum_western	0.167*** (0.059)	0.172*** (0.059)	0.166*** (0.060)	0.164*** (0.058)	0.154*** (0.058)
Constant	0.361*** (0.079)	0.522*** (0.066)	0.498*** (0.062)	0.548*** (0.061)	0.428*** (0.087)
Observations	510	510	510	510	510
Log-likelihood	568.39	563.69	565.79	567.66	572.66
R-square	0.322	0.309	0.307	0.335	0.346
Number of id	30	30	30	30	30

注:括号中给出了标准误差。*、**和***分别表示在 10%、5%和 1%的水平上显著。

　　表 6-5 模型(1)—模型(4)为用四个服务业结构变量单独回归的结果,各变量的回归结果与表 6-4 模型(5)—模型(8)未加入地区虚拟变量时一致。表 6-4 模型 5 为同时加入四个服务业结构变量与地区虚拟变量,回归结果显示交通运输、仓储和邮政业比重

的提高会显著降低服务业效率,金融业比重和房地产业比重的提高都会显著提高服务业效率,批发零售、住宿和餐饮业比重对服务业效率的影响不显著。表6-4和表6-5所有回归结果表明,交通运输、仓储和邮政业比重对服务业效率的负向影响与金融业和房地产业比重对服务业效率的正向影响都是显著且稳健的。

从地区虚拟变量的回归结果来看,西部地区的服务业效率会显著低于中东部地区,而一个省份是否位于中部地区对该省份的服务业效率的影响不显著。这一发现与前文测算各省份服务业效率的结果是一致的,符合预期。从图6-1分区域服务业综合效率可以看出,东部地区服务业效率明显高于中西部地区,西部地区服务业效率明显低于中东部地区,中部地区的服务业效率与全国平均水平接近。因此,地理区位因素会显著影响各地区服务业效率水平。

三、稳健性分析

上文将服务业四个子行业在服务业增加值中的比重作为服务业结构变量进行面板 Tobit 回归,接下来将传统服务业[①]在服务业增加值中的比重作为服务业结构的代理变量进行稳健性分析。

传统服务业一般指为人们日常生活提供各种服务的行业,其特点在于劳动密集型,知识和技术含量较低。依据这一特点,本节将交通运输、仓储及邮电通信业、批发和零售业、住宿和餐饮业视为传统服务业。随着经济的发展和服务业结构的优化,传统服务业会向现代服务业转型,二者相互融合、促进和协同发展。以金融、中介、

---

①　目前,学术界对传统服务业和现代服务业的分类还没有统一的标准,不同的分类有可能得到不同的结果。各省份服务业子行业增加值的统计包括:交通运输、仓储及邮电通信业,批发和零售业,住宿和餐饮业,金融业,房地产业和其他行业6个行业门类。本书将交通运输、仓储及邮电通信业,批发和零售业,住宿和餐饮业三个行业视为传统服务业。从终端能源消费量来看,这三个行业占据了服务业70%以上的能源消费。

物流配送、信息等为主的现代服务业的发展在优化产业结构和促进经济增长的同时,其显著的知识创新特性和较高的技术与管理水平,也会促进传统服务业的改造和提升,实现跨越式发展。

将四个服务业结构变量替换成传统服务业占服务业增加值比重的面板 Tobit 回归结果如表 6-6 所示。表 6-6 第(1)列显示,服务业传统服务业的比例与服务业中低效值显著正相关,这意味着降低传统服务业的比例,提高现代服务业的比例,可以显著提高服务业的效率。这是由于传统服务业劳动密集、知识技术含量较低、附加值较低的特点。然而,第(2)列和第(3)列增加了控制变量和区域虚拟变量后的估计结果意味着传统服务业比例的影响微不足道。这是因为批发零售、住宿和餐饮业比例的不显著影响抵消了交通运输、仓储和邮政业比例的显著影响。其他控制变量以及地区虚拟变量的回归结果也是稳健的。

表 6-6 将传统服务业占服务业的比重作为服务业结构的面板 Tobit 回归结果

变量	(1)	(2)	(3)
	Inefficiency	Inefficiency	Inefficiency
TOS	0.172** (0.074)	0.118 (0.082)	0.118 (0.082)
ED		-0.583*** (0.097)	-0.566*** (0.098)
RDU		-0.012*** (0.002)	-0.012*** (0.002)
RPI		0.001*** (0.000)	0.001*** (0.000)
Dum_central			0.042 (0.062)
Dum_western			0.174*** (0.060)

续表

变量	（1）	（2）	（3）
	Inefficiency	Inefficiency	Inefficiency
Constant	0.387 *** （0.043）	0.506 *** （0.078）	0.439 *** （0.083）
Observations	510	510	510
Log-likelihood	511.05	560.95	564.72
R-square	0.001	0.117	0.302
Number of id	30	30	30

注:括号中给出了标准误差。*、**和***分别表示在10%、5%和1%的水平上显著。TOS代表传统服务业在服务业增加值中的比重。

上文的回归分析都基于 Tobit 模型,为了检验回归结果的稳健性,本章还用面板数据的固定效应模型做了稳健性分析,回归结果如表6-7所示。结果显示估计结果对不同估计方法也是稳健的。

表6-7 面板数据的固定效应模型回归结果

变量	（1）	（2）	（3）	（4）	（5）
	Inefficiency	Inefficiency	Inefficiency	Inefficiency	Inefficiency
Tran_share	0.367 *** （0.121）				0.264 ** （0.125）
Sale_share		0.021 （0.101）			−0.019 （0.101）
Fina_share			−0.276 ** （0.128）		−0.254 * （0.130）
Real_share				−0.403 *** （0.154）	−0.361 ** （0.161）
ED	−0.623 *** （0.095）	−0.631 *** （0.097）	−0.605 *** （0.096）	−0.651 *** （0.095）	−0.617 *** （0.097）
RDU	−0.010 *** （0.002）	−0.012 *** （0.002）	−0.013 *** （0.002）	−0.012 *** （0.002）	−0.011 *** （0.003）
RPI	0.002 *** （0.000）	0.001 *** （0.000）	0.002 *** （0.000）	0.001 *** （0.000）	0.002 *** （0.000）

变量	(1)	(2)	(3)	(4)	(5)
	Inefficiency	Inefficiency	Inefficiency	Inefficiency	Inefficiency
Constant	0.441*** (0.069)	0.594*** (0.052)	0.571*** (0.048)	0.622*** (0.047)	0.485*** (0.077)
Observations	510	510	510	510	510
R-squared	0.209	0.199	0.205	0.208	0.221
Number of id	30	30	30	30	30

注:括号中给出了标准误差。*、**和***分别表示在10%、5%和1%的水平上显著。

总的来看,本章测算了中国服务业在省级和子行业层面的综合效率,并分析了服务业内部结构对服务业综合效率的影响。结果表明金融业和交通运输、仓储及邮电通信业分别是综合效率最高和最低的服务业行业,并且服务业综合效率存在行业以及区域差异。本章还发现服务业结构对服务业综合效率有显著的影响,交通运输、仓储和邮政业比重的提高会降低服务业综合效率,金融和房地产业比重的提高会提高服务业综合效率。提高服务业占比、加大研发投入能促进服务业综合效率的提高。根据本章结论可以得到以下政策建议:

第一,服务业比重提高会显著提高服务业效率。经济发展水平较高的国家一般具有较高的服务业比例。中国服务业的比例仍然低于成熟经济体。因此要继续加大服务业的发展力度,鼓励服务经济的发展。但要防止服务业的粗放扩张,在保证效率、绿色低碳以及打好工业发展基础的前提下提高服务业比重。

第二,由于近年来金融业和房地产业的快速增长,以及其高附加值、低能耗、低排放的特性,它们尤其是房地产业在服务业增加值中的比重对服务业效率提高有显著的促进作用。政策制定者应通过提高金融、研发、信息服务和文化创新等知识型和技术密集型服务部门的比例，加快服务业的结构调整和升级，推进服务业的供给侧结构性改革。

第三，交通运输业等传统服务业比重对服务业效率提升有显著的抑制作用。因此，不能将服务业一概而论为"干净"的、"非物质性"的行业，交通运输业由于其消耗大量能源、排放大量温室气体及其他大气污染物使其综合效率在服务业子行业中处于较低水平。因此，要提高交通等传统服务业的资源配置效率，促进其优化升级和节能减排。

第四，提高研发支出会显著提高服务业效率，因此要加大对各个部门尤其是服务业的研发投入，提高技术创新能力。中国的研发强度远远落后于美国、法国、日本和韩国等成熟经济体。并且，随着新技术和信息革命的推进，服务业应充分利用先进技术，促进人工智能、生命科学、物联网、区块链等新技术研发及其在服务领域的转化应用。

第五，上一章详细测算了中国服务业与能源效率有关的区域异质性，本章从行业异质性视角分析发现中国服务业子行业间也存在着较大异质性，因而服务业内部结构变动会对服务业整体的综合效率产生显著影响。政府应为服务业各地区间和各子行业间先进技术和高效管理模式的交流合作提供一个良好的平台和环境，促进节能减排技术和理念在服务业间的推广与实践。

此外，本章在服务业子行业的能源投入估计和回归分析的变量选择上存在局限性。这是由于中国服务业缺乏更详细的数据，特别是省级数据和子行业的数据。因此，未来的研究应该更加关注中国服务经济的测度和理论。

第七章　中国服务业碳排放驱动因素分解——基于产业关联视角

中国服务业能源消费以化石能源为主,服务业能源消费的增长也必然会导致其二氧化碳排放量的增长。通过第二章的分析可知,服务业的能源消费以及碳排放并不是孤立的,其他行业以及居民部门的需求会对其产生拉动作用,并且服务业内部各子行业间存在的供需关系和其他方面的关联也会对其产生影响。因此,本章旨在考虑产业链和产业关联的情况下分析中国服务业二氧化碳排放的驱动因素。

投入产出表是反映产业链整体全貌和产业链上下游行业之间关联的较为详尽的数据来源。投入产出表的数据和投入产出相关分析方法可以应用于分析经济体中各个方面的问题。结构分解法(SDA)可以很好地利用投入产出表的数据,充分考虑产业链上下游的供需关系,将经济变量的变化进行更加深入的分解。本章将在投入产出框架下采用结构分解方法来分析中国服务业二氧化碳排放的驱动因素,对每一种因素的影响进行量化,为减排提供有针对性的建议。

第一节　投入产出结构分解法模型和数据

一、基于投入产出表的结构分解法模型

本章利用投入产出表的数据及终端能源消费数据对服务业的二氧化碳排放的驱动因素进行分解分析。根据投入产出模型的平衡关系如下：

$$A \cdot X + F + E - I = X \qquad (7-1)$$

其中，A 是直接消耗系数矩阵，元素 a_{ij} 表示每生产一单位产值的部门 j 的产品所需的部门 i 中间投入品的价值。X 是各部门总产值列向量。F 是国内最终需求，包括消费和资本形成，E 为出口，I 为进口。

对服务业二氧化碳排放量 q 的估计可以通过用服务业对不同能源品种的消费量 e_i 乘以每种能源的碳排放系数 ef_i 再加总得到，其中 i 表示能源品种。e_i 可以进一步分解为能源结构、能源强度和服务业总产值的乘积。因此，服务业的二氧化碳排放量可以用乘积法分解为以下形式：

$$q = \sum_i ef_i \times \frac{e_i}{e} \times \frac{e}{x} \times x = EF^T \times ES \times EI \times x \qquad (7-2)$$

其中，e 为服务业能源消费总量。EF 为不同能源品种的碳排放系数向量，EF^T 为其转置；ES 为能源结构向量，由各能源品种消费量所占服务业能源消费总量的比重构成；EI 为能源强度，即服务业能源消费总量与服务业总产值 x 之比。服务业二氧化碳排放量从第 0 期到第 1 期的变动可以表示为：

$$q = q_1 - q_0 = EF_1^T \times ES_1 \times EI_1 \times x_1 - EF_0^T \times ES_0 \times EI_0 \times x_0$$

$$(7-3)$$

结构分解的形式并不是唯一的,因素排列顺序不同,得到的分解形式也不同。接下来采用两级分解法对式(7-3)进行分解。

$$q = EF^T \times ES_0 \times EI_0 \times x_0 + EF_1^T \times ES \times EI_0 \times x_0 + EF_1^T \times ES_1 \times$$

$$EI \times x_0 + EF_1^T \times ES_1 \times EI_1 \times x = EF^T \times ES_1 \times EI_1 \times x_1 + EF_0^T \times ES \times$$

$$EI_1 \times x_1 + EF_0^T \times ES_0 \times EI \times x_1 + EF_0^T \times ES_0 \times EI_0 \times x \qquad (7-4)$$

根据两级分解法:

$$q = 0.5(EF^T \times ES_0 \times EI_0 \times x_0 + EF^T \times ES_1 \times EI_1 \times x_1) +$$

$$0.5(EF_1^T \times ES \times EI_0 \times x_0 + EF_0^T \times ES \times EI_1 \times x_1) = 0.5(EF_1^T \times ES_1 \times$$

$$EI \times x_0 + EF_0^T \times ES_0 \times EI \times x_1) + 0.5(EF_1^T \times ES_1 \times EI_1 \times x + EF_0^T \times$$

$$ES_0 \times EI_0 \times x) \qquad (7-5)$$

根据式(7-1),可以将服务业总产值 x 进一步分解为中间投入 M,国内最终需求 F,出口 E 和进口 I。$M = \sum_{imi}$,m_i 为行业 i 对服务业产品的中间需求。国内消费产品的国内供给比率 u 可以表示为:$u = \dfrac{x - E}{x - E + I}$。则服务业总产值可以表示为:

$$x = M \cdot u + F \cdot u + E \qquad (7-6)$$

将式(7-6)按照式(7-2)的方法进行分解,之后代入式(7-4),可以将服务业二氧化碳排放的变化分解为如式(7-7)所示的七种效应。首先分解为排放系数效应、能源结构效应、能源强度效应和总产出效应四个效应,而总产出效应又可以分解为中间使用效应、国内最终需求效应、进口替代效应和出口扩张效应四个效应。

$$q = 0.5(EF^T \times ES_0 \times EI_0 \times x_0 + EF^T \times ES_1 \times EI_1 \times x_1) \text{排放系数}$$

效应

$+ 0.5(EF_1^T \times ES \times EI_0 \times x_0 + EF_0^T \times ES \times EI_1 \times x_1)$ 能源结构

效应

$+ 0.5(EF_1^T \times ES_1 \times EI \times x_0 + EF_0^T \times ES_0 \times EI \times x_1)$ 能源强度效应

$+ 0.5k \times (u_0 + u_1) \times M$ 中间使用效应

$+ 0.5k \times (u_0 + u_1) \times Fd$ 国内最终需求效应

$+ 0.5k \times (M_0 + Fd_0 + M_1 + Fd_1) \times u$ 进口替代效应

$+ k \times Ex$ 出口扩张效应

其中, $k = 0.5(EF_0^T \times ES_0 \times EI_0 + EF_1^T \times ES_1 \times EI_1)$　　(7-7)

为了进一步分析行业间的联系对服务业二氧化碳排放的影响,本章进一步将中间使用效应分解为农业、工业、建筑业、服务业四种中间使用效应。

二、数据来源及处理

本章利用 1992 年、1997 年、2002 年、2007 年和 2012 年的投入产出表来分析 1992—2012 年中国服务业每五年的二氧化碳排放变动。为使不同年份间可比,根据刘起运和彭志龙(2010)的方法将当年价的投入产出表转化为可比价。总产出、进口、出口、中间投入和最终消费数据均来自这五张可比价的投入产出表。

鉴于服务业子行业间的异质性,尤其在能源消费和碳排放方面的异质性,本章不仅要分析服务业总体二氧化碳排放变化情况,还试图尽可能详细地分析服务业各子行业的二氧化碳排放变动情况。虽然投入产出表中服务业子行业分类较为细致,但《中国能源统计年鉴》中服务业只分成了三个行业,因此本章将投入产出表和《中国能源统计年鉴》中的行业进行了合并和统一。其中,对投入产出表中服务业子行业的划分也进行了调整,最终和《中国能源统计年鉴》中的三个子行业划分保持一致,见表7-1。

表7-1 服务业子行业门类

投入产出表服务业子行业门类	中国能源统计年鉴服务业子行业门类
交通运输、仓储和邮政	交通运输、仓储及邮电通信业
批发和零售	批发零售贸易、住宿和餐饮业
住宿和餐饮	
信息传输、软件和信息技术服务	其他行业
金融	
房地产	
租赁和商务服务	
科学研究和技术服务	
水利、环境和公共设施管理	
居民服务、修理和其他服务	
教育	
卫生和社会工作	
文化、体育和娱乐	
公共管理、社会保障和社会组织	

    本章计算了服务业及三个子行业在1992年、1997年、2002年、2007年、2012年的二氧化碳排放的年度数据。由于煤炭、石油产品、天然气三种化石能源和电力消费占服务业能源消费总量的绝大部分,因此服务业二氧化碳排放数据也由这四种能源消费量及其排放系数估算得到。具体估算细节与第五章和第六章有所不同。在第五章和第六章的实证分析中,服务业二氧化碳排放数据的估算只考虑了煤炭、石油和天然气三种化石能源在使用过程中直接排放的二氧化碳。本章还考虑了服务业电力消费的间接二氧化碳排放,即煤电生产过程产生的二氧化碳排放。尽管服务业在

消费电力的过程中是低碳的,但从产业链的角度来看,中国以煤电为主的电力结构使电力生产过程也会排放大量二氧化碳。因此,本章估计的服务业二氧化碳排放数据是考虑发电煤耗的二氧化碳排放总量数据。并且前两章假定各能源品种的碳排放系数是不变的,本章为使估算更细化和准确,假定煤炭和天然气的碳排放系数不变,石油产品和电力的碳排放系数可变。每年电力的碳排放系数是根据中国当年的火电比重乘以当年的供电煤耗再乘以煤炭的碳排放系数估算得出的,其中火电比重数据来自 CEIC 中国经济数据库,供电煤耗数据来自《中国能源统计年鉴》。服务业主要消耗的石油产品种类为柴油、汽油、燃料油和煤油,三个子行业的油品消费均以汽油和柴油为主,燃料油和煤油主要用于交通运输、仓储和邮政业。不同石油产品的碳排放系数不同,因此本章根据四种石油产品每年的消费比例计算加权平均的油品碳排放系数,包括服务业整体和三个子行业。各能源品种的碳排放系数数据来自联合国政府间气候变化专门委员会(IPCC,2006)。

第二节　中国服务业总体二氧化碳排放变动分解

本节分析了 1992 年到 2012 年服务业的二氧化碳排放变动情况,将研究区间分为 1992—1997 年、1997—2002 年、2002—2007 年和 2007—2012 年四个时段,试图从碳排放系数、能源消费结构、能源强度以及产出等角度对中国服务业碳排放变动进行解释。

表 7-2 给出了 1992—2012 年中国服务业二氧化碳排放变动的结构分解情况。1992—2012 年中国服务业二氧化碳排放增加

了约 933 百万吨,主要是由服务业总产出的扩张引起的,特别是中间使用和国内最终需求的推动,中间使用效应超过国内最终消费需求成为拉动服务业二氧化碳排放增长的最重要的因素。

表 7-2　1992—2012 年中国服务业二氧化碳排放变动分解

项　目 时　间 指　标	服务业碳排放变动(千吨)				贡献率(%)			
	1992— 1997 年	1997— 2002 年	2002— 2007 年	2007— 2012 年	1992— 1997 年	1997— 2002 年	2002— 2007 年	2007— 2012 年
总变动	141076	101272	345718	345100	100	100	100	100
排放系数	−2618	−3484	−9871	−35322	−2	−3	−3	−10
能源结构	−4955	−1063	9631	11777	−4	−1	3	3
能源强度	18835	−111211	43668	−188879	13	−110	13	−55
总产出	129813	217031	302290	557523	92	214	87	162
中间使用	49667	113718	158435	326165	35	112	46	95
国内最终需求	62850	84597	124198	201550	45	84	36	58
进口替代	−1672	−1304	−4196	3793	−1	−1	−1	1
出口扩张	18968	20020	23853	26015	13	20	7	8

排放系数效应为负并且在绝对量和贡献率上都不断增加主要得益于中国火电比重和供电煤耗的降低。能源结构效应在1992—2002 年为负,在 2002—2012 年为正说明服务业能源结构的变动从环境影响来看经历了先恶化再优化的过程,主要由于油品消费的变动,具体情况见下文分能源品种分析。能源强度效应的作用方向在这四个区间也是在变化的,服务业能源消费量和总产出的相对变动幅度和相对作用幅度随时间变动。进口替代效应在1992—2007 年为负,而在 2007—2012 年由负转正,这主要是因为中国服务业产品或服务的国内供给比率在对应的区间内有所下降或上升。国内供给比率越高,进口比率越低,则越不利于本国内部

的碳减排。服务业进口替代效应在2007—2012年为正主要是由于其他服务业进口增加幅度较小。出口扩张效应为正且不断增长,因此服务业在1992—2012年的二氧化碳排放增加有部分靠出口扩张拉动。服务业的进口替代效应和出口扩张效应对二氧化碳排放的贡献一直处于较低水平。事实上,服务业的贸易相较于其他行业较不活跃,服务业的市场开放水平也低于其他行业。相关数据显示,2010年中国服务业增加值占GDP的43%,但服务贸易在总贸易额中的比重仅为11%(裴长洪和杨志远,2012),二者相差悬殊。未来如何实现贸易结构的转型升级,对产业结构升级能否取得既定的成效也有着重要作用。

服务业的产出一部分作为中间投入支持了其他行业,一部分满足国内最终需求包括消费和资本形成,其余的为出口。因此,中间使用、国内最终需求和出口的增加和扩张都会增加服务业的二氧化碳排放。其中,其他行业中间使用的增加引致对服务业的需求,是服务业碳排放变化的一个重要影响因素。在1992—2012年中间使用的需求扩张使服务业二氧化碳排放量共增加了约648百万吨。

按照国家统计局2013年发布的最新的三次产业划分规定,本章还将投入产出表中的行业分为农业、工业、建筑业和服务业四个行业大类来分析1992—2012年不同行业所引致的服务业二氧化碳排放增加的贡献,见图7-1。农业对服务业二氧化碳排放的拉动作用最小并且在2002—2012年呈现减小趋势,其余三个行业的贡献都逐步增长。工业和服务业本身是造成中间投入效应的最主要的行业。服务业本身在2007年前的贡献增长速率明显低于工业,但在2007年后增长迅速且远超过工业。这一结果从中间投入需求的角度反映了中国产业结构的演变,由工业化向服务化推进。

（单位：百万吨）

图表数据：

年份	农业	工业	建筑业	服务业
1992—1997	0.6	2.6	1.8	3.6
1997—2002	1.0	9.0	2.4	9.8
2002—2007	0.3	17.4	3.4	12.8
2007—2012	0.4	29.8	4.7	41.5

图 7-1　1992—2012 年中国服务业二氧化碳排放变动的中间使用效应

第三节　分能源品种的二氧化碳变动分解

煤炭、石油、天然气、电力是导致服务业碳排放的四个主要能源品种。本节从分能源品种的角度更详细地分析服务业二氧化碳排放变动及其影响因素,分解结果见表 7-3。

表 7-3　中国服务业二氧化碳排放变动的分能源品种分解

（单位：千吨）

指标	总排放变化	能源品种			
		煤炭	油品	天然气	电力
总变化（1992—1997 年）	141076	−10991	114545	904	36618

中国服务业和服务贸易的能源环境效应研究

结果从中间投入需求的角度反映了中国产业结构的演变,由工业化向服务化推进。

（单位：百万吨）

年份	农业	工业	建筑业	服务业
1992—1997	0.6	2.6	1.8	3.6
1997—2002	1.0	9.0	2.4	9.8
2002—2007	0.3	17.4	3.4	12.8
2007—2012	0.4	29.8	4.7	41.5

图 7-1　1992—2012 年中国服务业二氧化碳排放变动的中间使用效应

第三节　分能源品种的二氧化碳变动分解

煤炭、石油、天然气、电力是导致服务业碳排放的四个主要能源品种。本节从分能源品种的角度更详细地分析服务业二氧化碳排放变动及其影响因素,分解结果见表 7-3。

表 7-3　中国服务业二氧化碳排放变动的分能源品种分解

（单位：千吨）

指标	总排放变化	能源品种			
		煤炭	油品	天然气	电力
总变化（1992—1997 年）	141076	−10991	114545	904	36618

122

续表

指标	总排放变化	能源品种			
		煤炭	油品	天然气	电力
排放系数效应	−2618	0	33	0	−2650
能源结构效应	−4955	−57044	37937	508	13644
能源强度效应	18835	5575	9908	53	3300
总产出效应	129813	40478	66668	343	22325
总变化（1997—2002 年）	101272	4432	67949	5075	23817
排放系数效应	−3484	0	1219	0	−4703
能源结构效应	−1063	−18327	4841	4440	7983
能源强度效应	−111211	−22210	−65937	−1108	−21957
总产出效应	217031	44969	127826	1742	42494
总变化（2002—2007 年）	345718	45640	200229	10192	89656
排放系数效应	−9871	0	251	0	−10122
能源结构效应	9631	−14088	−6026	4182	25562
能源强度效应	43668	7461	25983	782	9442
总产出效应	302290	52267	180020	5229	64774
总变化（2007—2012 年）	345100	30833	187205	29433	97629
排放系数效应	−35322	0	1295	0	−36616
能源结构效应	11777	−26138	−30219	19330	48804
能源强度效应	−188879	−27973	−109815	−6236	−44854
总产出效应	557523	84944	325945	16339	130295

排放系数效应是指各种能源品种的碳排放系数变化对服务业二氧化碳排放的影响，因此排放系数效应主要与各能源品种的品质有关。一般而言，煤炭、天然气和石油等一次能源碳排放系数相对较为固定，而对于电力等二次能源来说，由于发电效率的不断提升以及电源结构的不断优化，电力的碳排放系数会有所下降。具体而言，由于火力发电煤耗的不断下降，以及风电、太阳能等可再生能源发电占比的不断提高，单位电力对应的二氧化碳排放也会

不断下降,因此排放系数效应对服务业二氧化碳减排起到了促进作用,且作用不断增大。

能源结构效应是指在服务业发展过程中,各能源品种投入量的比例变化对行业二氧化碳排放产生的影响。煤炭、石油、天然气以及电力等能源品种的碳排放系数各不相同,因此相对更加"低碳"的能源品种比重增加可以降低二氧化碳排放量。对服务业而言,油品是最主要的能源品种,占比从 1992 年的 55% 上升到 2012 年的 66%。其次是煤炭和电力,1992—2012 年,煤炭占比从 38% 不断下降到 12%;电力占比从 7% 上升到 15%;天然气占比增长也相对较快,从 1992 年的 0.3% 上升到 2012 年的 6.4%[①]。总体而言,服务业能源结构趋于低碳化和清洁化。

表 7-3 显示,油品占比变动的能源结构效应在前两个子区间为正,而在后两个子区间为负;煤炭占比变动的能源结构效应在四个子区间内都为负;电力和天然气占比变动的能源结构效应都为正。上述结果说明,能源结构效应的结果和服务业各能源品种消费量占比的变动是相对应的。并且在 1992—1997 年和 1997—2002 年,能源结构效应绝对量最大的为油品,而 2002—2007 年和 2007—2012 年,能源结构效应绝对量最大的为电力。以上结果表明,服务业能源结构的清洁化,即煤炭和油品比重的下降以及电力和天然气比重的上升会抑制服务业二氧化碳排放的增长。尽管中国电力结构以火力为主,火电发电燃煤过程中也产生大量的二氧化碳排放,但是服务业电力消费比重的提高对二氧化碳排放的增加仍有抑制作用。

---

① 这里的能源结构只考虑了煤炭、油品、电力、天然气四种能源,服务业热力和其他能源占比很小,本书中未考虑。

能源强度效应是指服务业能源强度变化对二氧化碳排放的影响。根据定义,能源强度是指每单位增加值所对应的能源消费量,反映了行业的能源利用效率。能源利用效率越高,对碳减排的促进作用也就越强。能源强度效应一般为负,即能源强度下降可以有效促进碳减排,但服务业能源强度效应却并不总是为负。1997—2002 年和 2007—2012 年,能源强度效应为负且绝对值较大,说明这两个区间内能源强度下降较为明显地促进了服务业碳减排;但在 1992—1997 年和 2002—2007 年,服务业的能源强度效应为正,说明这两个区间内服务业能源强度变动导致碳排放增加。从各能源品种的作用来看,油品的能源强度效应最大,其次是煤炭和电力,最后是天然气。从 1992—2012 年整个研究区间来看,服务业能源强度整体呈下降趋势,能源强度的下降一共给服务业贡献了 238 百万吨的碳减排量。

服务业的总产出效应贡献了最多的碳排放增强,这意味着服务业的快速发展导致其能源消费迅速增加,对应的二氧化碳排放也在快速增加。从各能源品种的产出效应来看,油品的总产出效应是最大的,其次是煤炭和电力,最后是天然气,这也直接同服务业的能源结构相对应。

第四节　分子行业的二氧化碳变动分解

服务业三个子行业二氧化碳排放变动的结构分解结果见表 7-4。

表7-4 1992—2012年中国服务业子行业二氧化碳排放变动的结构分解

指标	碳排放变动（千吨）				贡献率（%）			
	1992—1997年	1997—2002年	2002—2007年	2007—2012年	1992—1997年	1997—2002年	2002—2007年	2007—2012年
交通运输、仓储及邮电通信业								
总变动	102938	51730	196842	197453	100	100	100	100
排放系数	−682	279	−1650	−4840	−1	1	−1	−2
能源结构	−8417	−5937	−3901	−3712	−8	−11	−2	−2
能源强度	54246	−97126	−31862	−80445	53	−188	−16	−41
总产出	57791	154515	234255	286451	56	299	119	145
中间使用	42406	119518	178406	217110	41	231	91	110
国内最终需求	7060	16705	23232	61562	7	32	12	31
进口替代	−167	−724	−2163	−4227	0	−1	−1	−2
出口扩张	8492	19016	34780	12006	8	37	18	6
批发零售贸易、住宿和餐饮业								
总变动	26741	18235	54106	54205	100	100	100	100
排放系数	−717	−1456	−3136	−10774	−3	−8	−6	−20
能源结构	3293	1630	739	4106	12	9	1	8
能源强度	2903	−6243	9936	−25823	11	−34	18	−48
总产出	21262	24304	46567	86697	80	133	86	160
中间使用	5614	14707	21637	52301	21	81	40	96
国内最终需求	9403	5051	21170	20998	35	28	39	39
进口替代	−174	322	−670	−12	−1	2	−1	0
出口扩张	6419	4224	4430	13410	24	23	8	25
其他服务业								
总变动	10476	31913	96723	99199	100	100	100	100
排放系数	−1214	−2323	−5215	−19715	−12	−7	−5	−20
能源结构	5443	2286	15099	9495	52	7	16	10
能源强度	−35586	−33499	9087	−54811	−340	−105	9	−55
总产出	41834	65448	77752	164230	399	205	80	166
中间使用	15816	27873	34566	86413	151	87	36	87
国内最终需求	24639	34762	41187	74433	235	109	43	75

续表

指标	碳排放变动(千吨)				贡献率(%)			
	1992—1997年	1997—2002年	2002—2007年	2007—2012年	1992—1997年	1997—2002年	2002—2007年	2007—2012年
进口替代	-760	-902	-1067	3173	-7	-3	-1	3
出口扩张	2139	3715	3066	211	20	12	3	0

对交通运输、仓储及邮电通信业而言,中间使用效应是其二氧化碳排放增加的最主要因素,1992—2012年总的贡献达557百万吨。作为生产性服务业,这一行业的生产经营活动主要是服务于其他行业,因此中间使用效应最大。能源强度效应是抑制其二氧化碳排放增加的最主要因素。但是在1992—1997年,其能源强度有了一定程度的上升,对该行业碳减排造成了一定的负面影响。能源结构效应也是抑制其碳排放增加的重要因素,效应值在四个子区间内都为负,但是绝对值逐渐减小,说明交通运输、仓储及邮电通信业的能源结构一直在向二氧化碳减排方向优化,但随着优化程度的不断提高,未来可优化的空间也在逐渐缩小。

对批发零售贸易、住宿和餐饮业而言,中间使用、国内最终需求和出口扩张是其二氧化碳排放增长的主要驱动因素。批发零售贸易、住宿和餐饮业的出口扩张效应在服务业的三个子行业中是最大的。就另一个角度而言,在当前的国际分工体系中,中国的服务贸易还处于低端环节,贸易结构仍有待优化。从国际上来看,人均收入越高的国家其服务贸易的比重越高,贸易结构也更加合理,且相对更集中于资本和技术密集型领域(曹标和廖利兵,2014)。相比之下,中国服务业高附加值服务的出口比重仍有待提高。批发零售、住宿和餐饮业的能源强度效应对碳减排的作用并不显著,且能源结构效应在四个子区间内均为正,这说明相比于其他服务业子行业,该行业能源结构优化效果并不理想。

对其他服务业而言,国内最终需求和中间使用需求的增加是导致其碳排放增长的最主要因素,而能源强度下降对抑制其碳排放增加起到了最重要的作用。能源结构效应在四个子区间内均为正,与批发零售贸易、住宿和餐饮业相似,该行业的能源结构优化或未受到重视。

表7-5显示了服务业三个子行业的中间使用变动效应的分解结果,进而可以从中分析由各个行业对服务业子行业的中间投入需求引致的二氧化碳排放变动。从表7-5可以看到,1992—1997年,工业需求变动效应主要集中在交通运输、仓储及邮电通信业,服务业需求变动效应主要集中在其他服务业。各个子行业的工业需求变动效应逐步上升,特别是批发零售贸易、住宿和餐饮业在2007—2012年大幅增长。各个子行业的服务业需求变动效应也在逐步上升,特别是交通运输、仓储及邮电通信业和其他服务业,二者的服务业需求变动效应在2007—2012年均大幅增长。由于2012年建筑业对交通运输、仓储及邮电通信业的中间投入需求相比2007年有所下降,进而导致2007—2012年建筑业对交通运输、仓储及邮电通信业的中间需求效应为负。

表7-5　1992—2012年各服务业子行业碳排放变动的中间使用效应

(单位:百万吨)

交通运输、仓储及邮电通信业			
时间 行业	1992—1997年	1997—2002年	2002—2007年	2007—2012年
农业	6.0	4.3	1.1	1.8

续表

交通运输、仓储及邮电通信业			
工业	33.4	59.6	80.0	110.3
建筑业	2.0	18.8	47.0	-12.0
服务业	1.0	36.8	50.3	117.0

批发零售贸易、住宿和餐饮业			
时间 行业	1992—1997 年	1997—2002 年	2002—2007 年	2007—2012 年
农业	1.0	0.8	-0.1	0.6
工业	0.5	8.2	11.5	30.8
建筑业	2.3	0.8	1.3	1.7
服务业	1.8	5.0	8.9	19.2

其他服务业			
时间 行业	1992—1997 年	1997—2002 年	2002—2007 年	2007—2012 年
农业	-0.1	1.4	0.5	0.0
工业	2.9	8.0	19.3	21.3
建筑业	3.0	3.0	-0.2	10.7
服务业	10.0	15.5	15.0	54.5

　　总的来看,本章核算了中国服务业 1992—2012 年能源消费产生的二氧化碳排放总量,并使用结构分解法,结合中国 1992 年、1997 年、2002 年、2007 年和 2012 年的投入产出数据,对中国服务业的二氧化碳排放进行了因素分解研究,实证分析了各个区间内碳排放系数、能源结构和能源强度变动以及行业间投入产出关系中的中间使用、最终需求以及进出口等因素对服务业二氧化碳排放的影响。除对中国服务业整体进行分析之外,还进一步将服务业细分为交通运输和仓储邮政业、批发零售和住宿餐饮业以及其他服务业进行深入分析。本章的主要结论如下:

1992—2012 年中国服务业二氧化碳排放增加了约 933 百万吨,这主要是由服务业总产出的扩张引起的,特别是中间使用和国内最终需求的推动,其中中间使用效应超过国内最终消费需求,成为拉动服务业二氧化碳排放增长的最重要的因素。整体上看,能源强度效应是抑制碳排放增长的最主要的因素,但在个别时间短的作用并不明显。1992—2012 年,能源强度下降累计贡献了约 238 百万吨碳减排。排放系数效应为负且在绝对量和贡献率上都不断增加,这主要得益于中国火电比重和供电煤耗的降低。除此之外,服务业能源结构的优化对抑制二氧化碳排放增长作出了一定的贡献。而由于中国服务贸易比重较低且贸易结构仍不完善,进口替代和出口扩张效应对服务业碳减排的作用并不明显。批发零售、住宿和餐饮业在服务业三个子行业中是出口扩张效应最大的行业。批发零售、住宿和餐饮业及其他服务业的能源结构变动均促进了其二氧化碳排放增加。

随着中国服务业规模的不断扩大及能源消费的不断增加,其二氧化碳排放也会继续增长,未来中国服务业的能源消费和二氧化碳排放问题应引起更多重视。根据本章的分析结果,可以得到以下政策建议:

第一,在节能减排的背景下,服务行业的能源消费和二氧化碳问题并未得到重视,能耗强度不降反升、能源结构未向减排方向优化。随着工农业部门减排潜力的释放,服务业减排可能也应该成为中国节能减排的新动力和新领域。

第二,就产业链的角度而言,服务业处于整个产业链的中下游,其生产经营活动对中上游产业的依赖性较强,同时服务业的发展也能够在一定程度上带动中上游行业的发展。从分解结果来看,中间使用效应导致的二氧化碳排放也高于国内最终需求所导致的二氧化碳排放。因此,服务业二氧化碳减排不能单独依靠自身,还需要中上游部门互相协同,实现全产业链的节能减排。

第三,优化服务贸易结构,扩大服务业对外开放。目前,参与全球化不足是中国服务业发展滞后的一个重要原因。分解结果表明,进口替代效应和出口扩张效应对抑制服务业碳排放变动的贡献仍相对较低。因此,扩大服务业对外开放,特别是要优化服务业内部结构,使其向资本密集型和技术密集型的领域集中,对未来进一步推动服务业二氧化碳减排工作可以起到重要作用。

第八章　主要结论、政策建议与研究展望

第一节　研究结论及政策建议

中国服务业的快速发展始于改革开放,此后经过近四十多年的发展,已经逐渐发展为国民经济的主导产业。2017 年,服务业增加值和就业人口占比分别为 51.6% 和 44.9%,在推动经济增长和促进就业等方面发挥着越来越重要的作用。特别是在当前经济进入"新常态"的背景下,服务业已经成为中国经济增长的新动力。伴随城市化进程,未来中国服务业的比重仍将继续提高。

经过多年的快速发展,2010 年中国的 GDP 总量已经上升到世界第二位,占世界经济的 15.1%。与此同时,中国的能源消费和二氧化碳排放也在快速增长。2017 年中国一次能源消费为44.9 亿吨标准煤,占全球能源消费总量的 23.2%。随着世界各国对温室气体排放和气候变化重视程度的不断提高,中国政府面临着巨大的节能减排和环境治理压力。

长期以来,工业特别是以高耗能行业为主的重工业部门是节

能减排的重点领域,而服务业则被视为低能耗、低排放的相对较为
"干净"的产业。但是,随着高耗能行业的节能潜力不断释放,如
何在保障稳定经济增长的同时兼顾节能减排与环境治理显得尤为
关键。在这种背景下,服务业能源消费问题的重要性开始凸显。
事实上,随着服务业的快速发展,服务业的能源消费问题已经开始
突出。2016 年中国服务业的能源消费总量约等于日本全国的能
源消费量,比加拿大、德国、法国和英国等国家的全国能源消费总
量都要高。中国服务业的能效问题和碳排放问题不仅关乎中国整
体的能源环境问题,也对全球能源消费和温室气体排放有着重要
影响。在这种背景下,本书从能源环境视角对中国服务业的能源
效率和综合效率展开分析,试图为未来中国服务业的高效和可持
续发展提供一些有针对性的建议。

　　本书主要以中国服务业的能源效率为切入点展开研究。现有
的有关能源效率的文献多着眼于制造业、高耗能行业等传统行业,
针对服务业的相对较少。尽管服务业整体的能源强度低于工业部
门,随着服务业的快速发展,服务业的能源消费快速增长且增速高
于全国平均水平,服务业已经逐渐成为中国新增能源消费的主要
来源。

　　具体而言,本书对中国服务业的单要素能源效率、全要素能源
效率、全要素综合效率以及服务业的二氧化碳排放驱动因素等方
面进行了实证研究,并针对研究结论提出了一些有针对性的政策
建议,以期为今后制定相关产业政策和节能减排政策提供参考。
本书的主要研究内容与结论有:

　　第一,通过将指数分解法与生产理论分解法方法相结合,本书
利用一个综合的分析框架,对中国服务业的单要素能源效率即能

源强度的驱动因素进行了分解,试图分析影响中国服务业单要素能源效率变动的因素及其背后的机理。研究结果表明,技术进步是中国服务业能源强度下降的最主要原因,资本同能源投入之间的替代效应也是中国服务业能源强度下降的重要原因。技术效率效应是阻碍中国服务业能源强度下降的最主要原因,这一影响在中西部地区尤其明显,这说明中国各地区服务业的技术水平参差不齐,特别是一些中西部地区省份的技术水平相对较低,这种区域间的技术差异阻碍了这些地区服务业能源强度进一步下降。能源对劳动的替代也在一定程度上阻碍了服务业整体能源强度的下降,这主要体现在机器设备对人工的替代。从区域之间的比较来看,东部地区能源强度下降最快,西部地区次之,中部地区最慢,且东部省份对全国服务业能源强度下降的贡献最大;从能源强度下降的影响因素来看,东部省份能源强度下降多源于技术进步,中西部地区能源强度下降多源于资本能源替代,且西部地区技术效率差异对能源强度下降的阻碍作用更为明显。

第二,在单要素能源效率驱动因素分析的基础上,本书进一步考虑了非合意产出、松弛变量和区域异质性,分析了中国各省份服务业在群组前沿和共同前沿下的全要素能源效率。研究结果表明,东部地区的服务业表现出最佳的全要素能源效率,其次是中部地区,西部地区表现最差,且只有东部地区的服务业全要素能源效率呈现明显上升趋势。共同前沿全要素能源效率的分解结果可以用来进一步评估各省份与能源效率相关的技术差异,衡量由于群组限制而产生的两种技术之间的差异,比较各省份之间能源效率的改进潜力,估算出各省份服务业发展的节能空间。总体而言,中国服务业有较大的能源效率提升空间和节能减排空间。

第三,服务业内部包含众多子行业,特别是以交通运输、仓储和邮政业,批发和零售、住宿和餐饮业为代表的传统服务业,以及以金融业、信息服务业为代表的现代服务业,这些不同的子行业之间的生产组织形式存在较大的差异,其能源效率也有着很大的不同。在此前单要素能源效率和全要素能源效率分析的基础上,本书进一步核算了中国服务业的综合效率,并考虑了服务业子行业之间的异质性,探讨服务业内部结构对综合效率的影响。综合效率不仅能衡量各个投入与产出变量的使用效率,而且能衡量变量间互相协调的综合利用效率。研究结果表明,从地区的角度来看,东部地区的综合效率最高,中部地区次之,西部地区最差;从行业的角度来看,金融业和交通运输、仓储及邮电通信业分别是综合效率最高和最低的服务业行业,说明中国服务业的全要素综合效率存在着显著的地区差异和行业差异。从行业结构对全要素综合效率的影响分析结果来看,服务业结构对服务业综合效率有显著的影响,交通运输、仓储及邮电通信业比重的提高会降低服务业综合效率,金融和房地产业比重的提高会提高服务业综合效率,且提高服务业在经济结构中的比重、加大研发投入能促进服务业综合效率的提高。研究结果还表明,服务业综合效率水平对商品零售价格指数较为敏感。

第四,随着温室效应和气候变化问题日益严重,人们对二氧化碳排放问题也越来越关注。中国服务业的快速发展随着能源消费量的快速增长,大量的能源消费和以化石能源为主的能源结构导致服务业的二氧化碳排放问题日益凸显。在这种背景下,本书使用基于投入产出结构分解法分解方法,对中国服务业二氧化碳排放进行了因素分解研究。分析结果表明,中国服务业二氧化碳排放增加主要是由服务业总产出增加引起的,特别是中间使用和国内最终需求的推动,中间使用效应超过国内最终消费需求效应,成为拉动服务业二氧化碳排放增长的最重要的因素。由于近年来中国服务业的快速发展,批发零售贸易、住宿和餐饮业在服务业三个子行业中是出口扩张效应最大的行业,批发零售贸易、住宿和餐饮业和其他服务业的能源结构变动均促进了其二氧化碳排放增加。

基于上述结论,本书针对未来服务业的绿色低碳发展提出以下政策建议:

第一,从绿色发展角度看,要继续加大服务业的发展力度,鼓励服务经济的发展;但要防止服务业的粗放扩张,要在保证效率、绿色低碳以及打好工业发展基础的前提下提高服务业比重,并提高对服务业节能减排的重视程度。客观而言,服务业的能源强度低于工业行业,提高服务业比重有助于降低整体能源强度。但必须注意到,能源强度的降低并不能等同于能源消费总量的降低,发达国家的发展经验表明,随着经济发展水平的不断提高,服务业比重会不断上升,但能源消费总量大概率会持续增加,因此不能简单把服务业占比提高视为节能减排的"万能钥匙",在制定相关产业发展政策过程中要符合经济事物发展的客观规律。

第二,从服务业结构角度看,要优化服务业内部结构和服务贸易结构。交通运输业由于其消耗大量能源、排放大量温室气体及其他大气污染物使其综合效率在服务业子行业中处于较低水平。因此要提高交通、仓储和邮政业等传统服务业的资源配置效率,促进其优化升级和节能减排。同时,由于近年来金融业和房地产业的快速增长,以及其高附加值、低能耗、低排放的特性,它们尤其是房地产业在服务业增加值中的比重对服务业效率提高有显著的促进作用。政策制定者应通过提高金融、研发、信息服务和文化创新等知识型和技术密集型服务部门的比例,加快服务业的结构调整和升级,推进服务业的供给侧结构性改革。此外,由于进口替代效应和出口扩张效应对抑制服务业碳排放变动的贡献仍相对较低。因此,扩大服务业对外开放,特别是要优化服务业贸易结构,使其向资本密集型和技术密集型的领域集中,对未来进一步推动服务业二氧化碳减排工作可以起到重要作用。

第三,从技术进步角度看,中国服务业目前发展过程中存在的区域和行业异质性仍然较为明显,东部、中部和西部地区的能源效率差异较大,且以交通运输、仓储和邮政业为代表的传统服务业同以金融业为代表的现代服务业之间的效率水平差异也较为明显。技术进步会导致能源效率的提升,从而降低单位产出的能源消费,因此政府应加大研发投入,鼓励服务业企业的研发创新活动。第四章能源强度影响因素的分解结果表明,技术效率的差异是抑制服务业能源强度进一步下降的主要因素之一。因此,在未来服务业的发展过程中,政府首先应加强处在不同发展程度地区之间的技术合作交流,使技术扩散能够顺利实现,从而缩小服务业区域以及行业间的效率差距,此外也要进一步促进环境友好型服务业生产技术的推广应用,例如人工智能等新技术研发及其在服务领域的转化应用,进一步提高服务业全行业和全区域的能源效率水平。

第四,从产业链角度看,服务业二氧化碳减排不能单独依靠自身,还需要促进上中游部门以及产业链整体的节能减排。服务业处在产业链的下游,尽管其产出中蕴含的直接能源消费及相关的二氧化碳和污染物排放相对较低,但由于服务业的生产过程需要消耗大量的中上游行业提供的原材料和中间产品,而这些原材料和中间产品的生产过程恰恰是大量消耗能源和资源以及产生排放的过程。因此只关注服务业，或者只谈产业结构转型升级、提高服务业比重，无法从根本上解决可持续发展问题，只有从产业链的角度看待问题，优化从原材料生产到最终产品或服务产出的整个过程，才能从根本上实现绿色低碳高效发展。

第二节　研究展望

西方学者专门针对服务业进行的研究至今已有半个多世纪，在服务业内部结构、服务外包和服务贸易，以及服务业同其他产业的关系等专门领域都已取得了一定的研究成果。相比之下，国内目前针对服务业的研究才刚刚起步（平新乔，2015）。在产业结构转型升级的背景下，发展服务经济、进一步提高第三产业在 GDP 中的比重，以及优化服务业内部结构、加快发展现代服务业都将是未来一段时期内的发展方向。鉴于目前国内研究服务经济相关问题的文献相对较少，将服务经济相关问题与能源问题相结合的文献则更是寥寥无几。因此，未来将试图在能源经济学与产业经济学和区域经济学的理论基础上，综合研究服务业的能源消费以及服务外包、服务贸易、生产率、产业集聚和产业转移等方面问题。

本书在研究服务业内部结构变化时只是简单地采用了各子行业的增加值占比，未来既可以从结构调整的幅度、方向和合理性等多个角度研究服务业结构的合理化、高级化等问题及其影响，也可以针对服务业行业的不同分类方法对服务业的结构优化升级进行更加深入的研究。在服务业的环境影响方面，本书只考虑了二氧化碳排放,未来可以更进一步将服务业的其他污染物排放考虑在内。

　　此外,研究服务业能源消费问题的最大难点在于目前缺少对中国服务业细分行业的统计数据。由于服务业子行业的行业异质性较为明显,因此未来应尽量在服务业子行业层面进行更加细致的分析,以便得出更加切实有效的结论。

主要参考文献

[1]白雪洁、孟辉:《服务业真的比制造业更绿色环保？——基于能源效率的测度与分解》,《产业经济研究》2017年第3期。

[2]曹标、廖利兵:《服务贸易结构与经济增长》,《世界经济研究》2014年第1期。

[3]陈强:《高级计量经济学及Stata应用》,高等教育出版社2010年版。

[4]程大中:《中国服务业的增长与技术进步》,《世界经济》2003年第7期。

[5]程大中:《中国服务业与经济增长:一般均衡模型及其经验研究》,《世界经济》2010年第10期。

[6]范超、刘晓倩:《服务业发展的国际比较研究》,《调研世界》2018年第3期。

[7]高传胜、汪德华、李善同:《经济服务化的世界趋势与中国悖论:基于WIOD数据的现代实证研究》,《财贸经济》2008年第3期。

[8]顾乃华:《我国服务业发展的效率特征及其影响因素——基于Dea方法的实证研究》,《财贸研究》2008年第4期。

[9]国家统计局能源司:《能源统计工作手册》,中国统计出版社2010年版。

[10]韩智勇、魏一鸣、范英:《中国能源强度与经济结构变化特征研究》,《数理统计与管理》2004年第1期。

[11]何晓萍、刘希颖、林艳苹:《中国城市化进程中的电力需求预测》,《经济研究》2009年第1期。

[12]胡庄君:《我国第三次产业固定资产投资的实证分析》,《经济研究》1993年第6期。

[13]江静、马莹:《中国服务业全要素能源效率:测度与影响因素》,《北京工商大学学报(社会科学版)》2018年第33期。

[14]江小涓:《服务业增长:真实含义、多重影响和发展趋势》,《经济研究》2011

年第 4 期。

[15]江小涓、李辉:《服务业与中国经济:相关性和加快增长的潜力》,《经济研究》2004 年第 1 期。

[16]李赶顺:《发达国家产业结构的知识化及其经济影响》,《世界经济》1999 年第 8 期。

[17]李钢:《服务业能成为中国经济的动力产业吗》,《中国工业经济》2013 年第 4 期。

[18]李钢、廖建辉、向奕霓:《中国产业升级的方向与路径——中国第二产业占 GDP 的比例过高了吗》,《中国工业经济》2011 年第 10 期。

[19]李健、周慧:《中国碳排放强度与产业结构的关联分析》,《中国人口资源与环境》2012 年第 1 期。

[20]李艳梅、杨涛:《产业结构演进对能源消费的影响机理分析》,《2013 中国环境科学学会学术年会论文集(第三卷)》2013 年。

[21]厉无畏、王慧敏:《世界产业服务化与发展上海现代服务业的战略思考》,《世界经济研究》2005 年第 1 期。

[22]林伯强、杜克锐:《要素市场扭曲对能源效率的影响》,《经济研究》2013 年第 9 期。

[23]林伯强、牟敦国:《能源价格对宏观经济的影响——基于可计算一般均衡(CGE)的分析》,《经济研究》2008 年第 11 期。

[24]刘广为、赵涛:《中国碳排放强度预测与第三产业比重检验分析》,《经济管理》2012 年第 5 期。

[25]刘聚梅、陈步峰:《中国经济昂首走向服务型》,《经营管理者》2010 年第 6 期。

[26]刘起运、彭志龙:《中国 1992—2005 年可比价投入产出序列表及分析》,中国统计出版社 2010 年版。

[27]卢愿清、史军:《中国第三产业能源碳排放影响要素指数分解及实证分析》,《环境科学》2012 年第 7 期。

[28]罗长远、张军:《经济发展中的劳动收入占比:基于中国产业数据的实证研究》,《中国社会科学》2009 年第 4 期。

[29]庞瑞芝、邓忠奇:《服务业生产率真的低吗?》,《经济研究》2014 年第 12 期。

[30]庞瑞芝、王亮:《服务业发展是绿色的吗?——基于服务业环境全要素效率分析》,《产业经济研究》2016 年第 4 期。

[31]裴长洪、杨志远:《2000 年以来服务贸易与服务业增长速度的比较分析》,《财贸经济》2012 年第 11 期。

[32]彭水军、曹毅、张文城:《国外有关服务业发展的资源环境效应研究述评》,

《国外社会科学》2015 年第 6 期。

[33]平新乔:《重视对服务经济的理论研究——读江小涓等〈服务经济——理论演进与产业分析〉》,《经济研究》2015 年第 3 期。

[34]屈国俊:《美国、日本的能源战略分析及对我国的借鉴》,《经济问题》2007 年第 11 期。

[35]宋雪、匡贤明:《服务业发展是否有利于改善资源环境? ——基于能源效率视角》,《经济体制改革》2018 年第 3 期。

[36]滕泽伟、胡宗彪、蒋西艳:《中国服务业碳生产率变动的差异及收敛性研究》,《数量经济技术经济研究》2017 年第 3 期。

[37]王锋、冯根福、吴丽华:《中国经济增长中碳强度下降的省区贡献分解》,《经济研究》2013 年第 8 期。

[38]王恕立、胡宗彪:《中国服务业分行业生产率变迁及异质性考察》,《经济研究》2012 年第 4 期。

[39]王恕立、滕泽伟、刘军:《中国服务业生产率变动的差异分析——基于区域及行业视角》,《经济研究》2015 年第 8 期。

[40]王许亮、王恕立:《服务业能源生产率变迁及收敛性分析——基于全球 40 个经济体细分行业数据的经验研究》,《数量经济技术经济研究》2018 年第 1 期。

[41]王子先:《服务型经济跨越式升级的路径与选择》,《中国金融》2011 年第 3 期。

[42]魏一鸣、廖华:《能源效率的七类测度指标及其测度方法》,《中国软科学》2010 年第 1 期。

[43]魏作磊:《服务业将成为新一轮中国经济增长的发动机——印度的经验对中国的启示》,《华南理工大学学报(社会科学版)》2007 年第 2 期。

[44]徐盈之、邹芳:《基于投入产出分析法的我国各产业部门碳减排责任研究》,《产业经济研究》2010 年第 5 期。

[45]许宪春:《中国当前重点统计领域的改革》,《经济研究》2013 年第 10 期。

[46]殷凤、陈宪:《从经济普查看中国服务业》,《统计研究》2007 年第 10 期。

[47]赵晓丽:《产业结构调整与节能减排》,知识产权出版社 2011 年版。

[48] Adriaanse, Albert, Stefan Bringezu, Allen Hammond, Yuichi Moriguchi, Eric Rodenburg, Don Rogich, Helmut Schütz, "Resource Flows: The Material Basis of Industrial Economies", 1997.

[49] Alcántara, Vicent, Emilio Padilla, "Input-Output Subsystems and Pollution: An Application to the Service Sector and CO_2 Emissions in Spain", *Ecological Economics*, Vol.68, No.3, 2009.

[50] Ang, B.W., "Decomposition Methodology in Industrial Energy Demand Analysis",

Energy, Vol.20, No.20, 1995.

［51］Ang, B. W., "The LMDI Approach to Decomposition Analysis: A Practical Guide", *Energy policy*, Vol.33, No.7, 2005.

［52］Ang, B. W., S. Y. Lee, "Decomposition of Industrial Energy Consumption: Some Methodological and Application Issues", *Energy Economics*, Vol.16, No.2, 1994.

［53］Barro, Robert J., Jong Wha Lee, "A New Data Set of Educational Attainment in the World, 1950-2010", *Journal of development economics*, Vol.104, 2013.

［54］Barros, Carlos Pestana, Shunsuke Managi, Roman Matousek, "The Technical Efficiency of the Japanese Banks: Non-Radial Directional Performance Measurement with Undesirable Output", *Omega*, Vol.40, No.1, 2012.

［55］Bi, Gong-Bing, Wen Song, P. Zhou, Liang Liang, "Does Environmental Regulation Affect Energy Efficiency in China's Thermal Power Generation? Empirical Evidence from a Slacks-Based Dea Model", *Energy Policy*, Vol.66, 2014.

［56］Borozan, Djula, "Technical and Total Factor Energy Efficiency of European Regions: A Two-Stage Approach", *Energy*, Vol.152, 2018.

［57］Çelen, Aydın, "Efficiency and Productivity (TFP) of the Turkish Electricity Distribution Companies: An Application of Two-Stage (Dea&Tobit) Analysis", *Energy Policy*, Vol.63, 2013.

［58］Chen, Liang, Guozhu Jia, "Environmental Efficiency Analysis of China's Regional Industry: A Data Envelopment Analysis (Dea) Based Approach", *Journal of Cleaner Production*, Vol.142, 2017.

［59］Chen, Nengcheng, Lei Xu, Zeqiang Chen, "Environmental Efficiency Analysis of the Yangtze River Economic Zone Using Super Efficiency Data Envelopment Analysis (SEDEA) and Tobit Models", *Energy*, Vol.134, 2017.

［60］Chenery, Hollis B., "The Role of Industrialization in Development Programs", *The American Economic Review*, 1955.

［61］Chung, Yangho H., Rolf Färe, Shawna Grosskopf, "Productivity and Undesirable Outputs: A Directional Distance Function Approach", *journal of Environmental*, Vol.51, No.3, 1997.

［62］Clark, Colin, "The Conditions of Economic Progress", Revoe Econonics, Vol.4, No.6, 1951.

［63］Conway, John B.A., *Course in Functional Analysis*, Springer, 1990.

［64］Cui, Qiang, Ye Li, "An Empirical Study on the Influencing Factors of Transportation Carbon Efficiency: Evidences from Fifteen Countries", *Applied*, Vol.141, 2015.

［65］Dietzenbacher, Erik, Bart Los, "Structural Decomposition Techniques: Sense and

Sensitivity", *Economic Systems Research*, Vol.10, No.4, 1998.

［66］Ehrlich, Paul R., Gary Wolff, Gretchen C. Daily, Jennifer B. Hughes, Scott Daily, Michael Dalton, LawrenceGoulder, " Knowledge and the Environment ", *Ecological economics*, Vol.30, No.2, 1999.

［67］Fan, Yupeng, Bingyang Bai, Qi Qiao, Peng Kang, Yue Zhang, Jing Guo, "Study on Eco-Efficiency of Industrial Parks in China Based on Data Envelopment Analysis", *Journal of environmental* , Vol.192, 2017.

［68］Fang, Chinyi, Jinli Hu, Tze K. Lou, "Environment-Adjusted Total-Factor Energy Efficiency of Taiwan's Service Sectors", *Energy Policy*, Vol.63, 2013.

［69］Färe, Rolf, Shawna Grosskopf, "New Directions: Efficiency and Productivity", *Springer Science & Business Media*, Vol.3, 2006.

［70］Färe, Rolf, Shawna Grosskopf, Francesc Hernandez-Sancho, " Environmental Performance: An Index Number Approach ", *Resource and Energy economics*, Vol. 26, No.4, 2004.

［71］Färe, Rolf, Shawna Grosskopf, C. A. Knox Lovell, Carl Pasurka, "Multilateral Productivity Comparisons When Some Outputs are Undesirable: A Nonparametric Approach", *The review of economics and statistics* , 1989.

［72］Färe, Rolf, Shawna Grosskopf, Dong W. Noh, William Weber, "Characteristics of a Polluting Technology: Theory and Practice", *journal of Econometrics*, Vol.126, No.2, 2005.

［73］Färe, Rolf, Shawna Grosskopf, Carl A. Pasurka Jr, "Environmental Production Functions and Environmental Directional Distance Functions", *Energy*, Vol.32, No.7, 2007.

［74］Fisher, Ronald A., "The Logic of Inductive Inference", *Journal of the Royal Statistical Society*, Vol.98, No.1, 1935.

［75］Fourcroy, Charlotte, Faiz Gallouj, Fabrice Decellas, "Energy Consumption in Service Industries: Challenging the Myth of Non-Materiality", *Ecological Economics*, Vol.81, No.5, 2012.

［76］Fukuyama, Hirofumi, William L. Weber, "A Directional Slacks-Based Measure of Technical Inefficiency", *Socio-Economic Planning Sciences*, Vol.43, No.4, 2009.

［77］Giampietro, Mario, "The Jevons Paradox and the Myth of Resource Efficiency Improvements", *Journal of Cleaner Production*, Vol.18, No.6, 2010.

［78］Goldsmith, Raymond W., "A Perpetual Inventory of National Wealth", *Studies in Income and Wealth*, Vol.14, 1951.

［79］Griliches, Zvi. *Introduction to Output Measurement in the Service Sectors*, NBER Reseach Books, 2009.

［80］Harberger, Arnold C., "Perspectives on Capital and Technology in Less-Developed

Countries", *Estudios de Economía(Chile)* ,1988.

[81] Heiskanen, Eva, MinnaHalme, Mikko Jalas, Anna Kärnä, Raimo Lovio, "Dematerialization:The Potential of Ict and Services",2001.

[82] Hoff, Ayoe, "Second Stage Dea: Comparison of Approaches for Modelling the Dea Score", *European Journal of Operational Research* ,Vol.181,No.1,2007.

[83] Hu, Jin-Li, Shih-Chuan Wang, "Total-Factor Energy Efficiency of Regions in China", *Energy policy* ,Vol.34,No.17,2006.

[84] Humphrey, William S., Joe Stanislaw, " Economic Growth and Energy Consumption in the Uk,1700−1975", *Energy Policy* ,Vol.7,No.1,1979.

[85] Jebali,Eya,Hédi Essid,Naceur Khraief, "The Analysis of Energy Efficiency of the Mediterranean Countries: A Two-Stage Double Bootstrap Dea Approach", *Energy*, Vol. 134,2017.

[86] Kalghatgi, Gautam. "Is It Really the End of Internal Combustion Engines and Petroleum in Transport?" ,*Applied Energy* ,Vol.225,2018.

[87] Karimu, Amin, Runar Brännlund, Tommy Lundgren, Patrik Söderholm, "Energy Intensity and Convergence in Swedish Industry: A Combined Econometric and Decomposition Analysis", *Energy Economics* ,Vol.62,2017.

[88] Kirjavainen, Tanja, Heikki A. Loikkanent, " Efficiency Differences of Finnish Senior Secondary Schools: An Application of Dea and Tobit Analysis", *Economics of Education Review* ,Vol.17,No.4,1998.

[89] Krackeler, Schipper, Sezgen, " Carbon Dioxide Emissions in OECD Service Sectors:The Critical Role of Electricity Use", *Energy Policy* ,Vol.26,No.15,1998.

[90] Krugman,Paul, "The Myth of Asia's Miracle", *Foreign* ,Vol.73,No.6,1994.

[91] Kuznets,Simon,John Thomas Murphy, *Modern Economic Growth: Rate, Structure, and Spread* ,Yale University Press New Haven,1966.

[92] Lee, Jong W., Kiseok Hong, " Economic Growth in Asia: Determinants and Prospects", *Japan and the World Economy* ,Vol.24,No.2,2012.

[93] Li,Lan-Bing,Jin-Li Hu, "Ecological Total-Factor Energy Efficiency of Regions in China", *Energy Policy* ,Vol.46,2012.

[94] Li, Mingjia, Wenquan Tao, "Review of Methodologies and Polices for Evaluation of Energy Efficiency in High Energy-Consuming Industry" ,*Applied Energy* ,Vol.187,2017.

[95] Lin, Boqiang, Kerui Du, " Decomposing Energy Intensity Change: A Combination of Index Decomposition Analysis and Production-Theoretical Decomposition Analysis", *Applied Energy* ,Vol.129,2014.

[96] Lin, Boqiang, Kerui Du, " Energy and CO_2 Emissions Performance in China's

Regional Economies: Do Market-Oriented Reforms Matter?", *Energy Policy*, Vol.78, 2015.

[97] Lin, Boqiang, Kerui Du, "Measuring Energy Efficiency under Heterogeneous Technologies Using a Latent Class Stochastic Frontier Approach: An Application to Chinese Energy Economy", *Energy*, Vol.76, 2014.

[98] Lin, Boqiang, Ruipeng Tan, "Ecological Total-Factor Energy Efficiency of China's Energy Intensive Industries", *Ecological Indicators*, Vol.70, 2016.

[99] Lin, Boqiang, Guanglu Zhang, "Can Industrial Restructuring Significantly Reduce Energy Consumption? Evidence from China", *Emerging Markets Finance and Trade*, Vol.54, No.5, 2018.

[100] Lin, Boqiang, Guanglu Zhang, "Energy Efficiency of Chinese Service Sector and Its Regional Differences", *Journal of Cleaner Production*, Vol.168, 2017.

[101] Liu, Hongxun, Boqiang Lin, "Ecological Indicators for Green Building Construction", *Ecological Indicators*, Vol.67, 2016.

[102] Liu Jia, Junfei Zhang, Zhengben Fu, "Tourism Eco-Efficiency of Chinese Coastal Cities-Analysis Based on the Dea-Tobit Model", *Ocean & Coastal Management*, Vol.148, 2017.

[103] Llorca, Manuel, José Baños, José Somoza, Pelayo Arbués, "A Stochastic Frontier Analysis Approach for Estimating Energy Demand and Efficiency in the Transport Sector of Latin America and the Caribbean", *Energy Journal*, Vol.38, No.5, 2017.

[104] Macdonald, J. Michael, "Commercial Sector and Energy Use", *Encyclopedia of Energy*, 2004.

[105] Mardani, Abbas, Edmundas Kazimieras Zavadskas, Dalia Streimikiene, Ahmad Jusoh, Masoumeh Khoshnoudi, "A Comprehensive Review of Data Envelopment Analysis (Dea) Approach in Energy Efficiency", *Renewable and Sustainable Energy Reviews*, Vol.70, 2017.

[106] Martínez, Clara Inés Pardo, "An Analysis of Eco-Efficiency in Energy Use and CO_2 Emissions in the Swedish Service Industries", *Socio-Economic Planning Sciences*, Vol. 47, No.2, 2013.

[107] Martínez, Clara Inés Pardo, Semida Silveira, "Analysis of Energy Use and CO_2 Emission in Service Industries: Evidence from Sweden", *Renewable & Sustainable Energy Reviews*, Vol.16, No.7, 2012.

[108] McDonald, John, "Using Least Squares and Tobit in Second Stage Dea Efficiency Analyses", *European Journal of Operational Research*, Vol.197, No.2, 2009.

[109] Meng, Fanxin, Gengyuan Liu, Zhifeng Yang, Marco Casazza, Shenghui Cui, Sergio Ulgiati, "Energy Efficiency of Urban Transportation System in Xiamen, China. An Integrated

Approach", *Applied Energy*, Vol.186, 2017.

[110] Merkert, Rico, David A. Hensher, "The Impact of Strategic Management and Fleet Planning on Airline Efficiency-a Random Effects Tobit Model Based on Dea Efficiency Scores", *Transportation9Research Part A: Policy and Practice*, Vol.45, No.7, 2011.

[111] Mulder, Peter, Henri L.F.De Groot, Birte Pfeiffer, "Dynamics and Determinants of Energy Intensity in the Service Sector: A Cross-Country Analysis, 1980-2005", *Ecological Economics*, Vol.100, No.100, 2014.

[112] O'Donnell, Christopher J, D.S.Prasada Rao, George E Battese, "Meta-Frontier Frameworks for the Study of Firm-Level Efficiencies and Technology Ratios", *Empirical economics*, Vol.34, No.2, 2008.

[113] Oh, Dong-hyun, "A Meta-Frontier Approach for Measuring an Environmentally Sensitive Productivity Growth Index", *Energy Economics*, Vol.32, No.1, 2010.

[114] Piaggio, Matías, Vicent Alcántara, Emilio Padilla, "The Materiality of the Immaterial: Service Sectors and CO_2 Emissions in Uruguay", *Ecological Economics*, Vol.110, 2015.

[115] Picazo Tadeo, Andrés J., Ernest Reig Martínez, Francesc Hernández-Sancho, "Directional Distance Functions and Environmental Regulation", *Resource & Energy Economics*, Vol.27, No.2, 2005.

[116] Rao, Xi, Jun Wu, Zongyi Zhang, Bin Liu, "Energy Efficiency and Energy Saving Potential in China: An Analysis Based on Slacks-Based Measure Model", *Computers & Industrial Engineering*, Vol.63, No.3, 2012.

[117] Rostow, Walt Whitman, "The Stages of Economic Growth", *The Economic History Review*, Vol.12, No.1, 1959.

[118] Rui, Xing, Tatsuya Hanaoka, Yuko Kanamori, Toshihiko Masui, "Estimating Energy Service Demand and CO_2 Emissions in the Chinese Service Sector at Provincial Level up to 2030", *Resources Conservation & Recycling*, Vol.134, 2018.

[119] Saǵlam, Ümit, "A Two-Stage Data Envelopment Analysis Model for Efficiency Assessments of 39 State's Wind Power in the United States", *Energy Conversion and Management*, Vol.146, 2017.

[120] Sueyoshi, Toshiyuki, Mika Goto, "Dea Approach for Unified Efficiency Measurement: Assessment of Japanese Fossil Fuel Power Generation", *Energy Economics*, Vol.33, No.2, 2011.

[121] Suh, Sangwon, "Reply: Downstream Cut-Offs in Integrated Hybrid Life-Cycle Assessment", *Ecological Economics*, Vol.59, No.1, 2006.

[122] Teece, David J, "Firm Organization, Industrial Structure, and Technological

Innovation", *Journal of economic behavior & organization*, Vol.31, No.2, 1996.

［123］Tobin, Jame, "Estimation of Relationships for Limited Dependent Variables", *Econometrica:journal of the Econometric Society*, 1958.

［124］Tone, Kaoru, "A Slacks-Based Measure of Efficiency in Data Envelopment Analysis", *European Journal of Operational Research*, Vol.130, No.3, 2001.

［125］Tsolas, Ioannis E, "Precious Metal Mutual Fund Performance Appraisal Using Dea Modeling", *Resources Policy*, Vol.39, 2014.

［126］Wang, Chunhua, "Decomposing Energy Productivity Change: A Distance Function Approach", *Energy*, Vol.32, No.8, 2007.

［127］Wang, Chunhua, "Sources of Energy Productivity Growth and Its Distribution Dynamics in China", *Resource and Energy Economics*, Vol.33, No.1, 2011.

［128］Wang, H, BW Ang, Bin Su, "Multiplicative Structural Decomposition Analysis of Energy and Emission Intensities:Some Methodological Issues", *Energy*, Vol.123, 2017.

［129］Wang, Wenxi, Bo Yu, Xiao Yan, Xilong Yao, Yang Liu, "Estimation of Innovation's Green Performance:A Range-Adjusted Measure Approach to Assess the Unified Efficiency of China's Manufacturing Industry", *Journal of Cleaner Production*, Vol.149, 2017.

［130］Wei, Yi Ming, Hua Liao, Ying Fan."An Empirical Analysis of Energy Efficiency in China's Iron and Steel Sector", *Energy*, Vol.32, No.12, 2007.

［131］Wu, Jie, Beibei Xiong, Qingxian An, Jiasen Sun, Huaqing Wu, "Total-Factor Energy Efficiency Evaluation of Chinese Industry by Using Two-Stage Dea Model with Shared Inputs", *Annals of Operations Research*, Vol.255, No.1−2, 2017.

［132］Wu, Yanrui, "China's Capital Stock Series by Region and Sector", *Economics Discussion*, 2009.

［133］Xiao, Chengming, Zhen Wang, Weifang Shi, Liangchun Deng, Liyuan Wei, Yanwen Wang, Sha Peng, "Sectoral Energy-Environmental Efficiency and Its Influencing Factors in China:Based on Su-Sbm Model and Panel Regression Model", *Journal of Cleaner Production*, Vol.182, 2018.

［134］Xing, Zhencheng, Jigan Wang, Jie Zhan, "Expansion of Environmental Impact Assessment for Eco-Efficiency Evaluation of China's Economic Sectors:An Economic Input-Output Based Frontier Approach", *Science of The Total Environment*, Vol.635, 2018.

［135］Zhang, Guanglu, Boqiang Lin, "Impact of Structure on Unified Efficiency for Chinese Service Sector—a Two-Stage Analysis", *Applied Energy*, Vol.231, 2018.

［136］Zhang, Ning, Yongrok Choi, "A Note on the Evolution of Directional Distance Function and Its Development in Energy and Environmental Studies 1997 − 2013", *Renewable and Sustainable Energy Reviews*, Vol.33, 2014.

［137］Zhang, Ning, Fanbin Kong, Yongrok Choi, Peng Zhou, "The Effect of Size-Control Policy on Unified Energy and Carbon Efficiency for Chinese Fossil Fuel Power Plants", *Energy Policy*, Vol.70, 2014.

［138］Zhang, Ning, Fanbin Kong, Yanni Yu, "Measuring Ecological Total-Factor Energy Efficiency Incorporating Regional Heterogeneities in China", *Ecological indicators*, Vol.51, 2015.

［139］Zhang, Ning, Peng Zhou, Yongrok Choi, "Energy Efficiency, CO_2 Emission Performance and Technology Gaps in Fossil Fuel Electricity Generation in Korea: A Meta-Frontier Non-Radial Directional Distance Function Analysis", *Energy Policy*, Vol.56, 2013.

［140］Zhang, Runsen, Shinichiro Fujimori, Hancheng Dai, Tatsuya Hanaoka, "Contribution of the Transport Sector to Climate Change Mitigation: Insights from a Global Passenger Transport Model Coupled with a Computable General Equilibrium Model", *Applied Energy*, Vol.211, 2018.

［141］Zhang, Wencheng, Shuijun Peng, Chuanwang Sun, "CO_2 Emissions in the Global Supply Chains of Services: An Analysis Based on a Multi-Regional Input-Output Model", *Energy Policy*, Vol.86, 2015.

［142］Zhao, Linlin, Yong Zha, Nannan Liang, Liang Liang, "Data Envelopment Analysis for Unified Efficiency Evaluation: An Assessment of Regional Industries in China", *Journal of Cleaner Production*, Vol.113, 2016.

［143］Zhou, Peng, Beng Wah Ang, "Linear Programming Models for Measuring Economy-Wide Energy Efficiency Performance", *Energy Policy*, Vol.36, No.8, 2008.

［144］Zhou, Peng, BW Ang, KL Poh, "Slacks-Based Efficiency Measures for Modeling Environmental Performance", *Ecological Economics*, Vol.60, No.1, 2006.

［145］Zhou, Peng, BW Ang, H Wang, "Energy and CO_2 Emission Performance in Electricity Generation: A Non-Radial Directional Distance Function Approach", *European Journal of Operational Research*, Vol.221, No.3, 2012.

［146］Zhou, Xiaoyong, Dequn Zhou, Qunwei Wang, "How Does Information and Communication Technology Affect China's Energy Intensity? A Three-Tier Structural Decomposition Analysis", *Energy*, Vol.151, 2018.